基于教育资金的教育发展研究报告

张红真 著

东北师范大学出版社
NORTHEAST NORMAL UNIVERSITY PRESS

图书在版编目（CIP）数据

基于教育资金的教育发展研究报告 / 张红真著. --
长春：东北师范大学出版社，2023.12
 ISBN 978-7-5771-0758-5

Ⅰ．①基… Ⅱ．①张… Ⅲ．①教育经费－资金管理－
研究报告－中国 Ⅳ．① G526.72

中国版本图书馆CIP数据核字（2024）第 026964 号

基于教育资金的教育发展研究报告
JIYU JIAOYU ZIJIN DE JIAOYU FAZHAN YANJIUBAOGAO

责任编辑：包瑞峰　封面设计：宋汝冰
责任校对：陈　慧　责任印制：许　冰

东北师范大学出版社出版发行
长春净月经济开发区金宝街 118 号（邮政编码：130117）
电话：0431-84568126
网址：http://www.nenup.com
厦门集大印刷有限公司制版
厦门集大印刷有限公司印装
厦门市集美区环珠路 256-260 号
2024 年 3 月第 1 版　2024 年 3 月第 1 版第 1 次印刷
幅面尺寸：170mm×238mm　印张：9.75　字数：102 千字

定价：56.00 元

（版权所有，盗版必究）

目　录

第一章　区域教育环境分析 ………………… 001

　　一、海沧区简介 ……………………………… 001
　　二、海沧区教育基本情况 …………………… 003
　　三、海沧区现行教育资金政策文件分析 …… 011

第二章　理论概述与研究框架 ………………… 016

　　一、教育资金投入的相关理论 ……………… 016
　　二、教育资金分配的相关理论 ……………… 022
　　三、教育资金的产出 ………………………… 028
　　四、教育资金的管理与使用 ………………… 032

第三章　区域教育资金的投入及产出分析 … 039

　　一、区域教育资金的投入分析 ……………… 039
　　二、区域教育资金的分配结构及趋势分析 … 045
　　三、区域教育资金的产出分析 ……………… 054
　　四、影响教育资金投入及产出的因素分析 … 074

第四章　区域教育资金管理使用的现状 …… 081

一、海沧区教育资金管理使用的整体状况 ………… 081
二、海沧区幼儿园教育资金使用现状 …………… 084
三、海沧区中小学教育资金使用现状 …………… 087
四、海沧区职业教育资金使用现状 ……………… 089
五、海沧区特殊教育资金使用现状 ……………… 091

第五章　区域教育资金投入分配及
　　　　　管理使用中存在的问题 …………… 094

一、区域教育发展中存在的问题 ………………… 094
二、区域教育资金投入分配中存在的问题 ………… 096
三、区域教育资金管理使用中存在的问题 ………… 100

第六章　区域教育资金投入分配及
　　　　　管理使用的对策与建议 …………… 112

一、区域教育资金投入分配的建议 ……………… 112
二、区域教育资金管理使用的建议 ……………… 122

附录 ……………………………………………… 129

第一章　区域教育环境分析

一、海沧区简介

海沧区，古属漳州府海澄县，地处厦门市西部，南临九龙江出海口，东南与厦门岛隔海相望，西与漳州台商投资区接壤，北与集美相连，是福建南部拓海贸易的重要港口，也是中国主要的国家级台商投资区。1989年，国务院批准海沧设立台商投资区，开发面积100平方公里，是全国面积最大的国家级台商投资区。2003年，厦门市进行行政区划调整，设立海沧区，同时保留台商投资区继续履行开发建设职能。目前，海沧区辖海沧街道、新阳街道、东孚街道、嵩屿街道，有23个社区、14个村委会、3个农（林）场，总面积186.82平方公里，2022年全区常住人口62万人。

2017年9月，海沧区获评"国家生态文明建设示范区"。2018年

11月，入选2018年"中国工业百强区"。2019年10月，被列入全国建设新时代文明实践中心试点。2019年12月，海沧区成为全国乡村治理体系建设试点单位。

海沧区主要由山地、丘陵、台地、平原和滩涂组成，地势平坦，东、南二面临海，北面靠山，属南亚热带海洋性季风气候。区位优越，交通便利，全区已形成铁路、公路、水路三种运输方式构成的交通运输网络。通过沈海高速、厦成高速、厦深高铁、沪厦高铁、龙厦高铁、渝厦高铁、向莆高铁、鹰厦铁路、319国道、324国道等，可便捷直达省内外。另外，海沧港区是厦门港水深条件最好的港区，拥有26公里的海岸线和11公里的深水岸线，可建设生产泊位34个。目前海沧港区已开通国内国际航线70条（国内40条，国际30条），可通达中国台湾、香港地区等国内各港区及东亚、欧洲、美洲等40多个世界主要港口。

海沧区风景优美，拥有丰富的生态、文化、康体休闲等自然和人文旅游资源，拥有天竺山旅游风景区、日月谷温泉度假村2个国家AAAA级旅游景区，以及海沧青礁慈济宫、石室禅院、莲塘别墅、新垵古民居等著名景点。

海沧区新兴产业发展前景广阔，势头强劲。近年来，政府通过招商引资保障了集成电路、生物医药、新材料三大产业的发展。目前，海沧区共拥有东孚、新阳、港区3个工业集中区，集成电路设计产业园效益初显，生物医药保持高速增长，新材料产业加快发展。以士兰微、通富为代表的国际知名集成电路企业正在海沧加速布局；以厦钨新能源项目为代表的新材料产业蓄势待发；生物医药领域成果突出，全球首支戊肝疫苗、首支国产宫颈癌疫苗产自海沧。

二、海沧区教育基本情况

近年来，海沧区倾听群众呼声，不断加大教育领域的财政投入，丰富教育硬件设施，满足城区发展带来的教育需求。同时，积极探索，创新机制，努力补齐教育短板，力求以更优质的教育惠及广大群众。2019年，海沧区被认定为"福建省教育强区"。

1. 基本概况

2019年海沧区共有公办学校56所，其中完全中学2所、九年一贯制学校5所、普通中学2所、中等职业学校1所、小学23所、幼儿园22所、特殊教育学校1所。经教育主管部门审批设立的民办学校共96所，其中小学5所、幼儿园91所。同年全区学生共计有78888人，其中幼儿21807人、小学生38217人、初中学生12402人、高中学生3519人、中职学生2875人、特教学生68人。同年全区公办编内专任教师共有2846人，包含幼儿园专任教师241人、小学专任教师1452人、普通中学专任教师1032人、中等职业学校专任教师101人、特殊教育专任教师20人。经统计，2019年幼儿入园率为99.1%，小学入学率为100%，初中入学率为98.74%，初中升学率为100%。以上数据可以看出全区各级教育普及水平较高，优质教育资源发展呈均衡态势。

2. 经费投入情况

2019年，全区教育支出18.9亿元，助力推进多所学校建设项目。截至2019年12月24日，洪塘学校等10个项目竣工，新增学位近1.1万个；鼎美中学等7个项目开工；东瑶学校（小学部）等8个项目加快推进。海沧区教育局着力推进学前教育优质普惠发展；支持民办园普惠工程建设，实行分级收费及普惠办园，普惠率达95%；支持国企开办了2所普惠性幼儿园。此外，多渠道筹措教育基金，海沧区教育基金会2019年共支出732万元用于兴学助教、奖教奖学、帮贫济困等。

3. 教育资产情况

2019年全区学校占地面积共计1385780.4平方米，其中幼儿园274080平方米、小学412080平方米、中学645741平方米、职业学校53879.4平方米；校舍建筑面积共计895570平方米，其中幼儿园249026平方米、小学196513平方米、中学385035平方米、职业学校64996平方米；幼儿园教学及辅助用房（含活动室、睡眠室、保健室和图书室）共计184960平方米；教学用计算机有15030台，其中小学4909台、中学7152台、职业学校2969台；图书总藏量1861037本，其中幼儿园248528本、小学631767本、中学924549本、职业学校56193本。

4. 教育教学情况

2017年11月，海沧区在厦门市率先启动学区化试点工作。由华中师范大学海沧附属中学牵头，与华中师范大学海沧附属小学、海沧锦里小学、海沧中心小学、海沧青礁小学等成立学区中心教研组，整合各学校学科教研力量，通过教师定期集体备课等，探索学校教育资源的融合利用，搭建起初小衔接的平台。海沧片区和东孚片区已启动学区化办学试点并且取得一定的成效，试点学区每一所成员学校的教学质量有所提升。2018年，海沧区拉开"基于学习共同体"课堂改革的序幕，探索教学改革路径，努力实现教学发展，推动海沧教育事业大步迈进。

在职业教育方面，来自海沧区职业中专学校的学生在"2019年全国职业院校技能大赛（中职组）现代物流综合作业"赛项中获得了团体一等奖的优异成绩，摘取该项目的金牌，体现了海沧职业教育的教学水平。

此外，海沧区特色教育百花齐放，蓬勃发展。2019年7月25日，北京师范大学海沧附校的两支队伍在2019年世界机器人大赛总决赛上获得一等奖。2019年7月29日，福建省地震局指定东师理想厦门海沧东孚实验中学的师生代表福建参加第二届全国防震减灾知识大赛，获一等奖。2019年11月，新绿幼儿园"绿舞精灵"健美操队在第八届全国健美操大赛总决赛上荣获"自选民族徒手健身操舞"幼儿组特等奖。同年，"海娃民乐团"在教育部举办的"全国第六届中小学生艺术展演活动"获得小学组一等奖，多次到台湾、香港、上海等地演出交流。舞蹈、合唱团队编排的节目也多次获得国家、省、市的奖项。在跳绳、足球、击剑、机器人、歌仔戏、海洋教育等特色教育项目上，海沧区的少年儿童也多次获得国家、省、市的大奖。

5. 教师培训情况

只有一流的教育才能培养一流的人才。要办成一流的教育，又需要有一批一流的人才。因此，海沧区将教师队伍建设作为教育事业发展的重大工程和重点工作，注重人才引进和培养。2019年8月，海沧区13个教师培训班在北京、上海等地开班，1315位教职人员参加了培训。同年9月，新入职的203位教师接受了岗前培训，随后正式投入教学工作。海沧区还组建了7个异地名师工作室，引入各学科领域顶级名师，为教师树立新的标杆，创新教师的成长模式。另外，海沧区面向社会公开招聘了13名骨干教师补充到辖区内偏远学校和薄弱学校，有效改善了学校队伍结构。

6. 教育发展成就

海沧台商投资区成立以来，海沧区教育事业历经了从小到大、从弱到强的跨越式发展，先后摘下"全国义务教育发展基本均衡区""全国农村艺术教育实验区""全国中小学校责任督学挂牌督导创新区"等国家级招牌，获评"福建省教育强区""福建省首批中小学教师县管校聘管理体制改革试点区"等，教育事业实现全方位提升，教育工作者在这片土地上写下海沧教育事业之梦的生动实践。

2012年3月，"海沧区职业技术教育中心"在海沧区职业中专学校挂牌成立，揭开了海沧区职业教育事业发展新篇章，在进一步优化职业教育资源、完善职业教育运行机制、提升职业教育综合实力方面发挥着不可替代的重要作用。

2018年7月，海沧区开办第一所特殊教育学校——海沧区晨昕学校。从无到有，从零到一，海沧区特殊教育事业取得突破性进展，实现重大飞跃，残疾儿童少年的教育普及水平显著提高，受教育机会明显增加。

近年来，海沧教育质量持续提升，创新持续发力，向着"加快建设现代化教育强区，切实办好人民满意的教育"的目标不断努力。

为了促进海沧区教育的进步，海沧区政府和教育管理机构积极主动学习先进经验，创新思维，在教育领域大胆进行了制度创新和政策扶持。

（1）突破体制机制障碍，激发教育发展活力

海沧区通过"学区化办学"促使相同片区学校结盟，以解决不同区域教育不均衡的问题，促进学区内教育资源合理分配。随着区域教育的迅猛发展，在努力引进人才的同时，海沧区也在加快自主培育人才的脚步。"青年干部培养工程"（也称"35计划"）作为教育人才培养的一项新尝试，通过系统化、专业化的培训，培养了一支能够适应未来教育发展需要的年轻干部队伍，他们是未来区域教育发展的强劲力量。另外，海沧区高起点、高标准选择与北京师范大学、华中师范大学、东北师范大学三所高校合作办学，厦门一中、厦门双十中学、厦门外国语学校等本地名校也纷纷在海沧区设立校区或附属学校。

（2）立足民生实际需求，方案落地推动优质均衡发展

"百年大计，教育为本。"教育是民族振兴、社会进步的重要基石，是功在当代、利在千秋的德政工程，关乎民生，关乎国家未来。近年来，海沧区教育局根据国家、省、市各级发展要求，制定出台《厦门市海沧区"十三五"教育事业发展专项规划（2016—2020年）》，先后制定下发了《海沧区统筹推进城乡义务教育一体化改革发展实施方案》《海沧区进一步推进义务教育优质均衡发展实施方案》等文件，建立区域内部门协同推进教育发展的良好机制，构建良好教育生态。另外，先后在海沧街道、东孚街道试点学区化办学，通过硬件、课程、师资等方面的资源共享，建立更为合理的教育资源配置机制，促进教育的优质均衡发展。

（3）创新教育服务方式，释放教育发展红利

从"有学上"到"上好学"，是教育发展进入新时代的重要标志。海沧区在全力推进基础教育建设的同时，更加注重儿童的全面发展。近年来，努力提升教育的国际化和丰富性，不断创新教育服务方式，力争让每个适龄儿童都能接受系统、科学的教育。另外，在全区公办小学和公办幼儿园开展"课后延时服务"试点工作，选定2所学校开展"学校体育设施向社会开放"试点工作，建立29所"四点钟学校"并开展常态化活动，教育基金会和教育局在资金和师资上给予充分支持。这些举措对全面提升教育开放水平，充分释放教育发展红利有积极作用。

7. 区域教育面临的挑战

(1) 学龄儿童数量急剧增加

当前，中国正在由教育大国向教育强国迈进。党的二十大报告对"加快建设教育强国、科技强国、人才强国"作出全面而系统的部署，为到2035年建成教育强国指明了新的前进方向。加快建设教育强国，是全面建设社会主义现代化国家的必然要求，是顺应广大人民群众对更好教育期盼的重要途径。

近年来，我国老龄化问题严峻，在老龄化的趋势下全面放开二孩的政策并未带来持续的人口自然增长率上升。在此大背景下，海沧区的人口出生率和人口自然增长率如表1-1所示。海沧区人口自然增长率在2017年达到小高峰22.5‰后，2019年下滑至14.8‰，虽然人口自然增长率下降了，但海沧区人口基数大，新生儿数量依然呈上升态势，这些新生儿大致在三四年后达到入学年龄，因而学前适龄儿童数量仍在上涨，随后的中小学教育、职业教育、特殊教育等教育市场需求将被进一步带动。在老龄化浪潮叠加人口自然增长率下滑的情况下，海沧区劳动力人口的"养老育幼"压力增大，教育成本以及资金投入愈发成为掣肘区域教育事业发展的关键问题。面对未来将要大幅上升的老年抚养比以及低增速的新增人口，加大教育资金投入、提高人均受教育水平，不仅是大力发展区域教育事业的关键，也是开拓区域经济发展前景的重要举措。

表1-1 海沧区2015—2019年人口出生率、自然增长率变化情况

	2015年	2016年	2017年	2018年	2019年
人口出生率	19‰	20.3‰	24.7‰	19.5‰	17.2‰
人口自然增长率	17.2‰	18.2‰	22.5‰	17.3‰	14.8‰

(数据来源：2015—2019年海沧区统计年鉴)

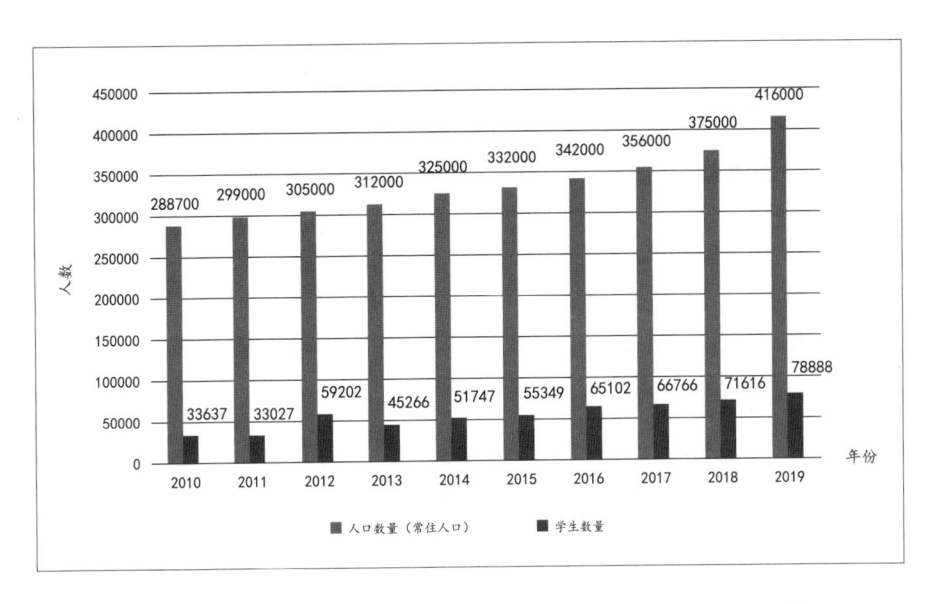

图 1-1 海沧区 2010—2019 年人口数量、学生数量变化情况

（数据来源：2010—2018 年海沧区统计年鉴、2019 年海沧区国民经济和社会发展统计公报）

（2）政府为教育资金投入的主力，多元化资金投入局面仍未形成

教育资金投入主要分为公共财政投入和社会投入，两者来源分别为教育局和教育基金会。一般情况下，义务教育阶段教育资金主要由政府的公共财政投入予以保障，社会投入较少。而对于学前教育等非义务教育，教育资金投入在强调公共财政保障为主渠道的同时，应考虑教育成本的分担成本效应，吸纳更多社会资金承担部分发展高质量教育所增加的成本。当前，海沧区教育事业已经由平稳发展转向高质量发展的阶段，无论是义务教育还是非义务教育，都急需大量、多渠道、持续的教育资金投入以提高区域教育发展竞争力。

综上所述，进一步加大区域教育资金投入强度，完善多渠道筹集教育办学资金的体制机制，优化调整教育资金投入结构，对于区域教育资金的配置、区域教育的发展具有突出的现实意义和实践意义。另外，区域教育资金保障既要立足本地区实际情况,也要借鉴其他教育强区教育资源配置的经验,以期实现教育资金使用效益的最大化。

(3)流动人口占比高,短期内享受优质教育资源人数众多,但长期教育效益甚微

受经济发展前景好、就业机会多、劳动保障有力、居住环境优美等因素影响,厦门市的人才吸引力逐年提高,海沧区作为市里重点扶持发展的区域之一,吸引了大量流动人口居留。

随着我国流动人口数量增加,随迁子女的教育问题日益受到人们的关注。近年来,我国针对流动人口子女这一群体出台了相应的政策,帮助流动人口家庭解决子女入学难的问题,改善其教育状况。各地区积极贯彻落实相关政策,保障流动人口子女受教育的权利。这些随迁子女大多处于学前教育和小学教育的阶段,在区域内享受了当地优质的教育资源。但新生代流动人口与老一辈流动人口相比,职业期望高、工作耐受力低,还受到户籍的限制和较高房价的制约,难以扎根当地,导致人口流动率大。人口流动率与教育资金投入具有显著的正相关关系,当区域的人口流动率增加,教育资金的投入也会相应增加。[1]从教育资源承载力的角度考虑,由于一个地区的教育承载力是一定的,流动人口的增加将导致区域的教育资金投入负担加重。[2]而这些流动人口家庭的子女仅短期内在区域内接受教育,从长期来看,这一部分的教育资金投入给区域带来的教育效益甚微,也难以为区域未来综合实力的提高提供自主培养的优质人才,导致人才流失。

---

[1] 王彦超,谢童伟.人口流动对教育投入的影响分析:基于1995-2012年上海市数据的分析[J].现代教育管理,2016(3):43-47.
[2] 王彦超,谢童伟.人口流动对教育投入的影响分析:基于1995-2012年上海市数据的分析[J].现代教育管理,2016(3):43-47.

三、海沧区现行教育资金政策文件分析

以下对海沧区现有的与教育资金相关的政策进行归纳总结。首先，归纳了近年来海沧区所在的厦门市出台的各项教育政策；其次，对海沧区的教育政策、与教育资金相关的政策进行了梳理；最后，整理了对区域内学生数量产生较大影响的落户政策。

1. 宏观教育政策

表1-2列明了2010年以来，海沧区教育发展所依托的厦门市宏观教育政策、政策发布机构及其主要内容。

表1-2 厦门市宏观教育政策归纳

文件名称	发布机构	主要内容
厦门市中长期教育改革和发展规划纲要（2010—2020年）	厦门市人民政府	关于各阶段教育的宏观规划
厦门市人民政府关于"十三五"教育事业发展专项规划的批复	厦门市人民政府	同意《厦门市"十三五"教育事业发展专项规划（2016—2020年）》
厦门市教育局关于公布厦门市教育科学"十三五"规划2019年度课题的通知	厦门市教育局	将98项课题立项为厦门市教育科学"十三五"规划2019年度课题

续表

文件名称	发布机构	主要内容
厦门市教育局、厦门市财政局、厦门市民政局、厦门市人力资源和社会保障局、厦门市残疾人联合会关于进一步加强和完善学生资助工作及资金管理有关事项的通知	厦门市教育局 厦门市财政局 厦门市民政局 厦门市人力资源和社会保障局 厦门市残疾人联合会	规范家庭经济困难学生的认定，明确资助的项目和标准： （一）学前教育：保育教育费补助、生活费补助； （二）义务教育：营养餐补助、寄宿生生活补助、民办学校学生补助标准； （三）中等职业教育：免学费、发放国家助学金； （四）普通高中教育：免学杂费、发放国家助学金； （五）高等教育：规定了本专科生和研究生奖学金、助学金、助学贷款等发放标准。 还规定了资助比例、补助资金来源、资金管理、资金监管等。

2. 按教育级别分类的教育资金管理政策

表 1-3 依据不同的政策对象，分类归纳了海沧区促进区域教育发展和管理规范化的相关政策内容和文件数量，并梳理出其中与教育资金相关的政策数量及主要目标。

表1-3 与海沧区各类教育资金相关的政策分析

政策对象	政策文件数量	涉及内容	资金类政策所占比例	主要目标
所有学校	6	▲教育预算编制 1 ▲教育支出标准 1 ▲学校资金使用 2 ▲捐赠资金使用 1 ▲足球专项经费使用 1	6/6	实现分类管理、统筹学校资金安排、调动教职工积极性、完善学校财务管理制度、规范使用捐赠资金
幼儿园	7	▲收费最高限价 1 推动学前教育事业发展 1 小区配套幼儿园建设管理 1 示范性幼儿园 1 实验幼儿园 1 ▲经费保障机制 1 教育改革 1	2/7	规范幼儿保育教育费的最高限额、扩大公办园的覆盖面（解决学位紧张问题）、加强学前师资建设、提升示范园的比例达40%
中小学校	23	▲义务教育学校规范建设 1 ▲义务教育均衡发展 3 ▲义务教育经费保障 1 ▲生均公用经费定额标准 3 ▲教育费附加费使用管理 3 ▲行政事业单位部门预算定额标准 1 ▲家庭经济困难学生生活补助 1 ▲随迁子女免费接受义务教育 2 中小学教师培训 1 教学说课活动 1 劳动实践教育 2 优秀班主任和优秀德育工作者 1 语文英语阅读比赛 1 ▲教育经费使用效益实施方案 1 教育改革 1	16/23	深入推进义务教育均衡发展与素质发展、规范义务教育阶段收费标准、解决家庭经济困难学生补助问题、提升全市随迁子女接受公办教育比例、加强师资队伍建设

续表

政策对象	政策文件数量	涉及内容	资金类政策所占比例	主要目标
职业学校	6	支持中等职业教育发展 1 ▲中等职业教育免学费政策 1 ▲调整职业学校奖助学金 2 增补现代学徒制建设 1 提升教师素质计划 1	3/6	保障与优化中等职业教育的发展
特殊教育学校	1	▲经费保障 1	1/1	保障特殊教育发展

3. 与生源数量和构成相关的落户政策

自 2012 年起，厦门市及海沧区各级政府密集发布了适用于各类人员的落户政策，便利各类人员落户海沧区，在一定程度上增加了外来人口的数量，也使得海沧区的学龄人口大大增加。海沧区所有落户政策可归为 7 类，如表 1-4 所示。

表1-4 海沧区落户政策分析

政策对象	政策文件数量	涉及内容	主要影响
中小企业引进人才	1	中小企业引进的专业人才有关优惠政策	积分落户使集体户口增加，可能导致学龄儿童居住地与学区分离，无法就近上学，同时可能会增加接收学校的学生培养压力；中小企业引进人才、归侨、购房者等的落户政策与外来人员落户政策中对子女上学的政策优惠倾斜程度不一致，可能导致入学资源的不均衡；总体来说，落户政策会影响落户人员子女入学，进而影响该区域内生源数量与生源质量
留学归国人员	2	留学归国人员来厦创业、工作落户	
归国华侨	1	归侨落户	
技能人才	2	技能人才落户 重点群体（人才）落户	
外来人员	2	户籍管理规定（依照《规定》第十条的规定落户） 户籍迁移政策	
购房者	2	购房落户	
投资者	1	投资兴办企业落户	

第二章　理论概述与研究框架

一、教育资金投入的相关理论

1. 教育资金

教育资金是指配置于教育系统，并在教育系统内部发挥作用的资金。从2016年至2018年教育部官网发布的全国教育经费执行情况统计公告来看，我国公共财政教育经费流向主要有五部分：全国普通小学、全国普通初中、全国普通高中、全国中等职业学校以及全国普通高等学校。由此可见，我国公共财政教育经费支出可分为四大类：义务教育、高中教育、中职教育、高等教育。在这四大类中，义务教育与其他三类教育的区别之一在于教育经费的构成。义务教育阶段学校的经费来源以政府投入为主，学生缴费只是作为补充，而后三类教育经费来源较义务教育更加多元，如图2-1所示。

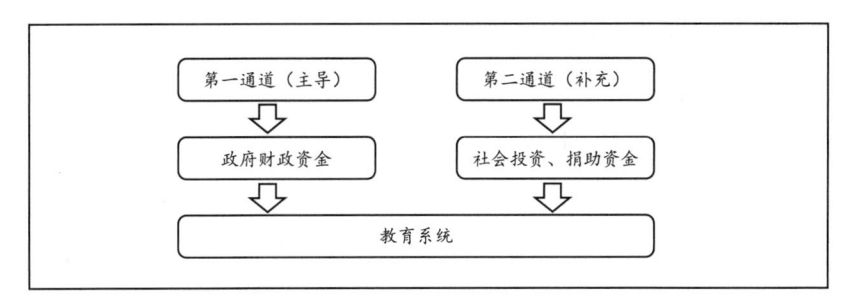

```
┌─────────────────────────────────────────────┐
│   第一通道（主导）        第二通道（补充）    │
│        ↓                      ↓              │
│   政府财政资金          社会投资、捐助资金    │
│        ↓                      ↓              │
│              教育系统                        │
└─────────────────────────────────────────────┘
```

图 2-1　教育资金来源分析

从图 2-1 可以看出，资金流入教育系统的第一条通道是政府，即政府以税、费等形式筹集财政资金，然后以教育拨款等形式投入教育系统。这条通道是教育资金供给的主渠道。资金流入教育系统的第二条通道是资金以投资或捐资的形式流入学校，如社会资金投资办学、捐资办学以及学校借款筹资、发行债券或股票筹资等。教育资金来源的两条通道不是相互独立的，两者存在着密切的联系：第一条通道占主导地位，第二条通道为补充。如果第一条通道资金充足，能够满足教育发展的需要，那么，第二条通道的存在感会降低。如果在第一条通道不能供给充足的教育发展所必需的资金、教育面临经费紧张局面的情况下，第二条通道的必要性和发挥作用的空间就会突显。要满足教育发展对资源的需求，一是国家财政要保证一定数量的教育资金供给，还要保证教育资金在配置结构上的合理性；二是通过办学体制、管理体制和投资体制的创新，疏通第二条资金来源通道，保证社会资金能够更顺利地流入教育系统。

2. 教育资金投入

教育资金投入是兼具消费性和生产性的投入。它可以分为两大类，即财政投入和非财政投入。目前，非义务教育阶段的教育资金投入，其主体和来源渠道呈多元化的特点，政府、企业、受教育者个人或家庭都是教育资金投入的基本负担者和主体。

(1) 财政投入

财政性教育经费是教育资金投入的主要组成部分，包括各级政府的教育资金投入。政府负担教育资金投入的主要形式有：财政拨款、用于教育的税费（专项附加费）、教育机构（主要是学校）税收减免、专项补贴、对学生资助、科研拨款等。就我国而言，政府对教育的投入在整个教育发展中起着决定性的保障作用。

(2) 非财政投入（以基金会为主）

非财政投入包括社会团体与个人办学的投入、社会捐赠、社会集资和其他收入经费投入。在我国，企业对教育的投入，可以说一直发挥着十分重要而特殊的作用。近年来，企业集团办学的现象越来越普遍，企业集团办校主要以职业学校为主，深圳、广州等地的企业集团办学已经介入了中小学教育阶段。此外，非营利组织如基金会，也是教育资金投入的重要主体。

基金会的公益项目是基金会最主要的"产品"。建立教育基金会的目的便是接受社会捐赠，补充教育经费，缓解长期存在的教育经费不足的问题。以海沧区为例，海沧区教育基金会主要通过筹集教育发展基金资助公益文化教育活动，开展奖教奖学、扶贫助教项目，推动教育改革创新，助力培养区域内教育人才，促进教育教学交流培训。

(3) 教育资金投入的特点

国家为发展教育事业需要支出大笔经费，是有形的教育消费现象。它是一种有效的投资，换取的是劳动者劳动能力的提高，最终有助于社会劳动生产率的提高。

教育投资是必要的消费，又是"扩大"了的生产。生产和培养一个劳动力，要支付一定的生活抚养费和教育经费，但长远来看，教育所产生的经济效益远大于最初的投入，因此，工业发达国家的教育投资比重正在不断提高。

教育资金投入的最终产出表现为接受过教育的劳动者，通过转化为智力资本和人力资本成为经济发展的动力。教育资金投入主要由地方政府提供，但由于人口具有流动性，故各地教育资金投入的最终产出具有明显的溢出效应，即一个地方的教育资金投入最终惠及的不仅仅是本地，可能还有本国其他地区，乃至其他国家。与其他经济投入相比，教育资金投入还具有非营利性、连续性、递增性、固定性等特点。

①非营利性：教育资金投入的非营利性决定了教育的发展离不开国家的投入。政府投资教育的最终目的不是为了盈利，即使由社会力量投资教育，盈利也不是其主要目标而是附加效应。

②连续性：十年树木，百年树人。每个人所接受的教育具有持续性和较长的周期性，因此，教育的投资也必须具备连续性。

③递增性：从教育本身来看，教育是一项单位成本递增的事业。所谓递增，就是教育培养每名毕业生的平均费用是不断增长的。

教育资金投入的连续增长，是一国经济持续稳定增长的必要条件。教育资金投入的连续性和递增性要求国家在分配国民经济投入时，不仅不能中断教育资金投入，更要保证其随教育的发展而不断增长。

④固定性：教育资金投入的固定性要求保证教育资金投入有稳定的来源。教育是社会发展不可或缺的一部分，因此，教育资金投入在国家投入中都是固定存在的，贫困国家也有固定的教育资金投入，各国用相关法律法规来保障教育资金投入的固定性。

3. 教育资金系统

教育资金系统可以看作一个投入产出系统，是从资金的投入，到资金的分配、使用和管理，再到资金的产出的过程系统。

教育资金的投入是教育系统中比较容易用宏观指标来测算的部分，主要取决于地方的财力。就具体一个区而言，主要取决于地市一级财政的附加费拨款总额和区财政的年度教育资金总量。

教育系统的资金投入一般是比较稳定的。随着地方国民经济总量的增加，教育资金投入会呈现出同步增加的趋势。但是随着大量外来人口的涌入，可能会出现"未富先学"的状态，即经济总量还未出现大幅增加，就学的需求已经大大增加。在理论上，这种情况会使教育资金投入占经济总量的比例较之前有大幅增加。

教育资金的分配，主要取决于地方的财政制度和教育发展规划。其中，教育发展规划应该以各区的人口总数及各年龄段人数的占比为基础，进行布局。此外，区域人口结构是教育资金分配的重要参考信息。

教育资金的使用和管理是指区级教育管理部门和具体的教学单位对资金的管理和使用。这有赖于各级管理制度的完备性和可执行性，但受到人为因素的影响较大。例如管理制度（预决算制度）和流程（审批审核等）的设置、各项监督制度（审计）的建立和实施。

教育资金的产出是教育系统效率和效果的重要体现，也是对上述各环节的效果的检验。从测量的角度来说，这部分是较容易观察并计算的，如图2-2所示。

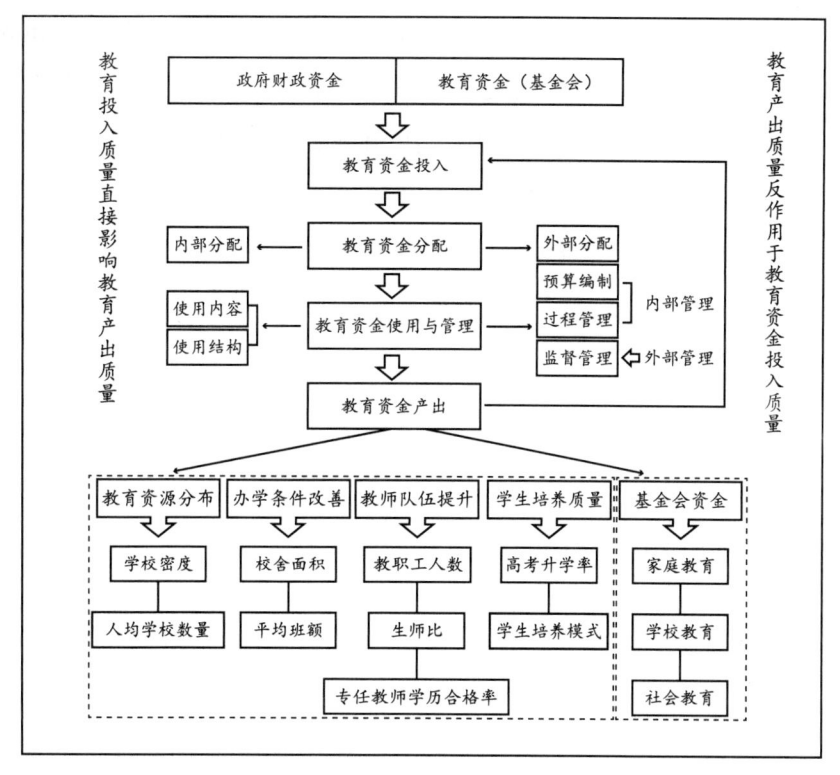

图 2-2　教育资金分析

4. 教育资金投入的相关理论

（1）教育生产理论

教育生产理论的基本观点是：一切经济资源都是稀缺的，从事教育生产过程与从事其他生产过程一样，都要消耗一些宝贵而稀缺的经济资源，或者说都需要消耗一些物化劳动和活劳动。

（2）人力资本理论

教育投入理论包括人力资本理论、劳动价值理论、技术创新理论等，其中人力资本理论受到各国的重视、认可和运用。第二次世界大战后，德国、日本两国经济的快速恢复和高速腾飞引起了各国的重视。

单纯依靠外资的引进和物质资本的投入并没有让各国实现经济迅速增长的目标，而德国和日本在这一时期非常注重教育以及人力资本积累，实现了经济飞速发展的奇迹。1960 年，美国经济学会会长舒尔茨（T.W.Schulz）提出"人力资本"的概念，充分肯定了教育资金投入的重要性，强调人力资本对经济的增长效应，指出发展中国家要在经济增长上赶超发达国家，必须在注重物质资本投入的同时，加强对教育的重视。

二、教育资金分配的相关理论

教育资金分配的相关理论主要围绕教育资金的外部分配比例和内部分配比例展开。外部分配比例属于各级地方政府的决策范畴，影响可供支配的教育资金的总量；内部分配比例则属于各地教育主管部门的决策范畴，影响教育资金的具体分配制度和办法等。

1. 教育资金的外部分配

（1）教育资金的外部分配的内涵

教育资金的外部分配是指一国或一地区一定时期内教育资金投入在国民经济有关指标中的比例，一般可以用教育经费占国民生产总值的比例来描述。它决定了国家和地区的教育资金投入的总量，也反映了教育与国民经济之间的关系以及政府对教育的重视程度。

教育与经济的关系是国民经济和社会发展中的重要的比例关系。它的重要性是由教育事业在经济和社会发展中的重要地位和特殊作用决定的，二者互为条件、相互制约、相互促进，只有两者的比例合适才能协调发展。一方面，教育的发展是由经济发展决定的；另一方面，教育事业是国民经济和社会发展的重要组成部分，教育投入是保证教育事业发展的物质基础。

然而，教育投入的需要量和可能量的矛盾将会长期存在，所以，若要保证教育可持续发展，就要从我国国情出发，根据经济社会发展的战略目标和增长率所决定的受教育者数量、质量、结构以及人力、物力、财力，兼顾需要和可能，合理确定教育投入在国民经济中的比例，并在经济和社会发展过程中不断调整，投入比例过低或过高皆有不利影响。

确定合理的教育资金外部分配比例是防止和解决教育投入短缺的一项重要措施，是教育可持续发展的可靠保证，也是保证教育与经济协调发展的必要条件。

教育事业是国民经济和社会发展的重要组成部分，教育资金投入是保证教育事业发展的物质基础。在教育发展规模、发展速度适度的条件下，教育资金投入在国民经济中占比是否合理，直接决定着教育资金投入同教育事业发展相适应的程度。总之，要保证教育可持续发展，必须合理确定教育资金投入在国民经济中的比例，投入比例过低或过高皆有不利影响。

（2）决定和影响教育资金外部分配比例的因素

①经济发展状况

国民经济发展的规模、速度和水平是教育资金投入需要量的决定因素。在社会劳动生产率一定的条件下，国民经济发展的规模、速度决定着所需劳动者的数量和增长速度，教育资金投入也将随着教育培养的劳动者的数量增多而增加。我国经济发展的现状表明我们需要更多的教育资金投入，但教育资金投入又受到当前经济发展水平的制约，这一矛盾将在较长时期内存在。

②人口数量及构成

教育的对象是人不是物,教育资金投入是用于培养和提高劳动力的投入,因而人口也是影响教育资金投入的因素。人口数量、密度、地区分布与年龄构成对教育资金投入都有明显影响。教育适龄人口数量越多,分配到的教育资金也应该越多。随着内陆地区人口向沿海地区大规模流动,以及二孩政策的效应显现,未来沿海地区的人口数量将持续增加,且学龄儿童的比例也将进一步提升。这意味着增加教育资金投入是不可抵挡的趋势。

③科学技术发展

教育是科学技术发展的基础,科学技术的发展有赖于教育的普及和提高。若要科学技术发展快,教学内容、教学方法和物质技术条件就要更新更快,教学设备要达到现代化水平。因而,一般来说,随着科学技术的发展和科技在教育领域的广泛应用,分配给教育事业的资金总量也应保持增长。

④文化因素

一个国家和地区的文化传统,对教育资金投入也有影响。一般来说,受过高等教育或出身"书香门第"的人,具有较高文化水平。这些人即使自己不富裕,也希望自己的子女能接受较高水平的教育,因此,不仅愿意增加个人对教育的投入,而且希望社会能相应地增加教育资金投入。

资金分配的焦点多集中在资源分配方面。在科依(Key)看来,"对于竞争性资源的预算配置问题,在当时的公共财政专家的著作中找不到任何启示,在市场经济中得到充分发展的边际效用理论不太适合公共支出分析，尝试精准判断公共服务'价值'的努力也是无用的"。[1]我国义务教育虽已基本普及，但资金分配不公平、不均衡的问题仍然存在。因而加大教育资金投入、合理分配教育经费显得十分重要。

⑤人为因素

影响教育资金外部分配比例因素中的人为因素，是指不完全依据经济与教育发展的实际情况，还考虑人的态度、决策者的偏好等来确定教育资金投入的比例。人为因素对教育资金投入比例的确定起着重要的制约作用。

处于同一经济发展水平的不同国家和地区，在教育资金投入方面的差别，很大程度上取决于国家和地区决策者对教育和经济关系的认识，及其对教育在经济增长中作用的评价。不同的地方情况不同，发展的侧重点也会有所不同，因此地方政府会根据现状，使资金稍微向某一类教育倾斜。

2.教育资金的内部分配

教育资金的内部分配，是指教育资金按照一定比例在三级（初等、中等、高等）教育中分配。教育资金在使用中应是何种结构，这是宏观教育决策中的第二位问题。教育资金投入是教育发展的物质基础，教育资金投入结构对现有的教育结构也会产生反作用。通过教育资金投入的增量分配，可以调整现有的教育结构，使其达成预设目标。当然，教育资金的内部分配还包括同一级别、同类学校间的资金分配。

（1）教育资金的内部分配结构

从纵向来看，学校教育结构主要分为初等教育、中等教育、高等

---

[1] 武玉坤.预算资金分配的内在逻辑：政治还是经济？[J].中山大学学报（社会科学版），2010(2):182-188.

教育，通常简称为"三级教育"。教育资金内部分配结构主要是指初等、中等、高等教育投入分配的相互关系及各部分在教育总投入中所占的比重。合理分配三级教育的教育投入，是实施合理教育结构和使各个教育阶段得到协调发展的保证。

生均教育经费即受教育者的人均教育投入，它从供给方面决定着三级教育投入结构：生均教育经费中任何一个组成部分的变动，都会影响教育资金的内部分配结构。教育经费按支出性质不同，可分为人员经费、公用经费等基本支出，以及基本建设专项等项目经费。一般来说，公用经费和基本建设专项经费主要用于学校物质资源，人员经费主要用于人力资源。因而，本研究将物质资源归结为公用经费和基本建设等项目经费的核算，人力资源归结为人员经费的核算，最后将两者相加即可得到相应的办学成本，由此确定生均教育经费标准。

基于办学条件标准法的生均经费具体的计算公式如下：

生均经费标准＝生均人员经费＋生均公用经费＋生均基本建设经费[1]

以海沧区为例，2020年度教育局一般公共预算支出145332.28万元，比2019年的预算数139638.60万元增加了5693.68万元，增长率为4.08%，主要是由于新增1所小学、10所幼儿园，增加了人员支出、学校改扩建采购支出。具体预算分配如下：①基本支出122632.64万元，其中，人员支出93443.02万元，公用支出29189.62万元；②项目支出22699.63万元。

上文提到的基本支出是指为保障机构正常运转、完成日常工作任务而发生的人员支出和公用支出。项目支出是指在基本支出之外，为完成特定行政任务和事业发展目标所发生的支出，包括部门专项、发

---

[1] 查晨婷. 基于投入法的义务教育生均经费标准测算及应用研究[D]. 南京：南京财经大学, 2015.

展专项和基建项目。本研究以海沧区为例，分析地方教育局支出预算中的"生均基本支出"，包括生均人员支出与生均公用支出。学校基本建设支出属于"项目支出"，其中教育附加费可作为基建设备支出的补充。

（2）教育资金内部分配指数的计算

评价和判断教育资金在三级教育间的分配是否合理，通常有以下三个指标：

①总量指标，即各级教育资金投入在教育总投入中的份额。

计算方法：某级教育资金投入／教育总投入×100％

②生均教育资金投入比值，即三级教育按在校生人数平均的生均教育资金投入比值。

计算方法：以小学生均教育经费为基础单位1，计算中学和大学生均教育经费与小学的比值。同理，该指标也可以用生均公共教育经费或生均教育经费代替。

③生均教育资金投入指数，即三级教育生均教育资金投入与人均国民生产总值的比值。

计算方法：某级生均教育资金投入／人均国民生产总值

鉴于本书研究的层级是区级，且海沧区截至2023年1月还没有高等教育机构，但学前机构需求较旺盛，因此，本研究的资金内部分配结构分析范围为学前教育（幼儿园）、初等教育（小学）、中等教育（初中、高中、中职），由于区域内的特殊教育学校包含了3—18岁儿童的全龄教育（教育教学部1个班、义务教育教学部3个班、职业教育教学部1个班），但学生数量目前只有43个，因此，在后续结构分析中作者将特殊教育学校排除在外。

目前，就全国范围而言，同一地区内，教育资金内部分配存在以下现象：

①教育投资比重虽不断向初、中等教育倾斜，但高等教育经费所占比重仍偏高。

②在教育事业费的分配结构中，人员经费比例急剧上升，公用经费比例下降。正常情况下 OECD（经济合作与发展组织）国家的人员经费占总费用的 70% 左右。

在地方教育资金的内部分配问题上，学术界和教育界普遍认同的观点有以下三点：

①在国家资金有限的情况下，三级教育投入的分配必须优先保证基础教育特别是九年义务教育的实施。

②在各类专业教育内部，教育投入的分配应按学校性质、科类等的不同差异化对待，突出重点。

③在教育事业费的分配上，应在保证人员经费的基础上，确立人员经费和公用经费的合理比例（一般为 7∶3）。

三、教育资金的产出

1. 教育资金的直接产出

（1）教育资源的分布

①学校密度，即区域内学校数与区域管辖面积的比例。学校密度的大小反映了学校资金在地理分布角度的丰富程度。

②人均学校数量，即区域内学校数量与区域内人口数量的比例。人均学校数量反映了人均可使用的教育资源数量。

（2）办学条件

①校舍面积。《中华人民共和国义务教育法》第十六条规定：学校建设，应当符合国家规定的办学标准，适应教育教学需要。本研究计算的校舍面积是用学校占地面积和学校建筑面积来衡量。

②平均班额，计算方法为学生数/班级数。班额数是衡量办学条件的一个重要指标。班额过大，会影响学生受教育的质量，所以区域教育一项很重要的任务就是控制班额数，确保本区域内每一位学生都能接受高质量的教育。

（3）教师队伍

①教职工人数。教职工的配备数与区域内学生生源数存在正相关性，是保障区域教育质量的基础性条件。

②生师比，指具有学籍的在校学生总数与在编在岗教职工的比例。

③专任教师学历合格率。通过此项可分析不同学历的教师人数以及各学历教师人数占总教师人数的比例。

（4）学生培养质量

①高考升学率，即区域内应届高中毕业生参加"普通高等学校招生全国统一考试"的升学率，还包括一本录取率、重点大学（985、211）录取率等。

②学生培养模式，即特色化办学、科研型办学和国际化办学等落实贯穿素质教育的培养模式。

特色化办学包括特色多元课程与活动，如农耕实践课程、航模社团、管弦乐队、舞蹈表演队等，有助于促进学生德智体美劳全面发展，培养学生健全的人格。科研型办学即重视学生科学素养、科学精神的培养，打造重点科研基地、3D打印技术体验室、科技实验室等学生科研活动中心。国际化办学主要为开放性办学，搭建学生国际化交流平台，与国际一流大学开展多层次、宽领域的教育交流与合作，为学生开辟出国留学与游学的便捷通道，开放性办学，致力于培养具有国际视野、世界胸怀、通晓国际规则、能够参与国际事务和国际竞争的国际化人才。

2. 教育资金的产出效益

教育资金的产出效益主要包括对个人、社会的直接效益与间接效益。

教育对受教育者个人的直接效益包括：德智体美劳诸方面知识、技能的提高，个人收入的提高，消费能力的提高以及就业选择能力和市场适应能力的提高等。教育对社会产生的直接效益包括：义务教育的普及率、中等教育升学率、高等教育入学率；社会受教育人口的文化素质、劳动素质、道德素养、科学素养、社会意识、身体素质等方面的提高。

教育资金产出的间接效益，也称为外溢效益，最主要表现为教育对经济增长的外溢效应。除此之外，还表现为教育对政治稳定、降低犯罪率、降低贫困、降低社会不公正等的外溢效益。教育资金投入尤其是高等教育资金投入与经济增长之间具有显著相关性。教育资金投入是人力资本形成的基础，而人力资本又对经济增长产生影响。教育外溢效应一般有5年、10年甚至20年的滞后期，并将发挥长期动态的影响[1]。

3. 教育基金会资金的产出效益

教育基金会资金的产出效益主要指教育基金会所投资的教育项目及活动产生的效果和影响。学生的成长发展、教育成效离不开家庭教

---

[1] 许长青.教育投资的外溢效应及其内在化[J].教育学术月刊,2015(3):40-47.

育、学校教育和社会教育（课外教育）三方面的影响，家庭教育是学生成长的基础，学校教育是学生培养的关键，社会教育是学生发展的依托，三者环环相扣，缺一不可。所以，教育基金会资金的产出效益主要体现在教育基金会对家庭教育、学校教育与社会教育三方面的促进与完善。

教育基金会通过开展教师资助、培训与奖励，课程改革及教学交流培训，学生资助、培养及奖励，对学校教育进行补充；通过开展个性化家庭教育培训、家校交流活动，促进家庭教育的发展；通过开展推进基础素养类教育项目、道德素养类教育项目、综合素养类教育项目，推动社会教育的进步。

家庭教育是通过家长实施的有意识、有目的的教育实践活动，引导孩子学会学习、做人、做事。家庭教育的教育内容最为基础，也最为广泛，涵盖最基本的生活本领、社会交往、文化知识等，家长将自己的人生经验和知识技能教给孩子并且培养他们正确的世界观、人生观、价值观，从而对孩子产生深远的影响。

学校教育是教育的主体部分，学生在学校能够接受系统、专业的教育和培养，使其德智体美劳各方面得到发展。作为专业教育机构，学校按照国家培养人才的相关规定，有目的、有计划、有组织地对学生进行素质教育，为学生提供良好的学习环境、学习设施设备促使学生奋发向上，努力拼搏。

对学生而言，社会教育（课外教育）主要指在学校课程计划外，利用课余时间，对于学生实施的开放性实践教学。社会教育对学校教育和家庭教育是不可缺少的补充，起着重要的辅助和制约作用。随着科学技术的迅猛发展，人民文化生活的日益丰富，社会教育越来越受到人们重视。社会教育不仅关系到儿童的智力发展和才能的培养，而且影响着良好社会风气的形成，劳动者素质的提高和全体人民精神生活的丰富，道德情操的培养，乃至促进整个社会的进步和人类文明的发展。[1]

海沧区教育基金会自 2017 年成立以来，对学校教育、家庭教育和社会教育（课外教育）三个类别进行资助，具体的资助项目分布情况如图 2-3 所示。

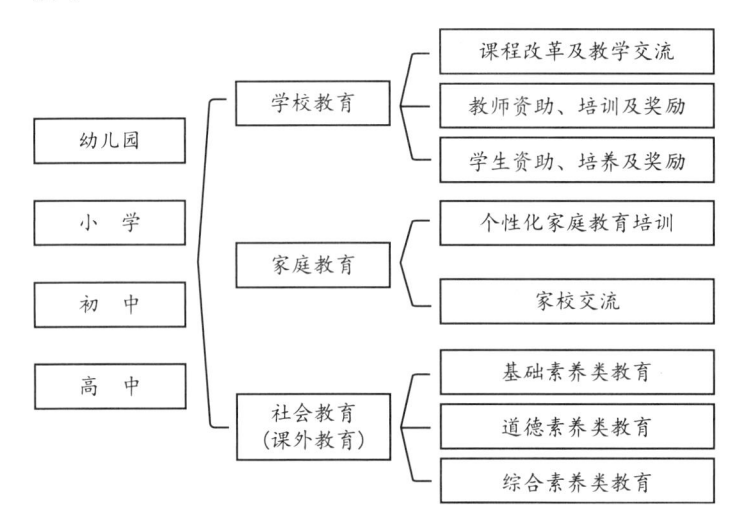

图 2-3　海沧区教育基金会资助项目分类

四、教育资金的管理与使用

1. 教育资金的管理

教育资金管理遵循了管理原理和相关法规制度，对教育资金的预算、决算、审计等环节进行管理。在学校财务管理中，管理主体为学校法人和学校财务部门，管理依据为财务制度。

---

[1] 王冬桦，王非. 社会教育学概论 [M]. 北京：教育科学出版社，1992：61.

(1) 教育资金管理的基本制度

①教育预算与决算制度

教育预算是国家预算的重要组成部分，国家各级各类教育预算资金的来源、分配、使用等，都是通过编制教育预算实现的。各级各类学校也通过教育预算制度，对学校教育资金的分配、使用等进行预算编制。教育决算是指按照法定程序编制的，用以反映教育预算执行结果的年度会计报告，它是教育预算的继续和延伸，是上一年度的年终结账，也是下一年度预算编制的参考依据。不合理的预算编制会造成实际收支与预算指标出入较大，致预算执行困难，调整非常频繁，背离了预算编制的初衷。

②教育会计制度

教育会计属于事业会计，本质上是预算会计。它是以货币为主要单位，对教育系统各机构的经济活动过程进行综合、连续、系统地反映和监督，并以此为基础，对教育机构的经济活动进行科学分析、检查、预测和控制的一种综合性经济管理活动。学校应加强财务人员的吸纳和培养，提高财务人员的业务素质，鼓励财务人员参加会计职称评定，建立高素质的财务人员队伍，扎实做好会计工作。

③教育审计制度

教育审计是国家各级审计机关依法对教育系统或教育机构的全部或部分的经济活动事项进行严格、周密、认真地监督检查，以确保其真实性、合法性、合理性和有效性的综合性职能管理活动。教育主管部门通常会对下属学校进行财务内部审计，但是监督工作还不到位，一方面是部分学校内部审计机制落后，没有设立专门的内部审计部门，也没有建立针对经费管理的内部审计制度；另一方面，部分学校尤其是在农村的中小学校，没有建立细致可行的经费管理制度，相关的财务制度也没有发挥应有作用，学校收支不能按照既定程序进行有效监督和管理。

（2）学校经费的过程管理

学校内部对经费的过程管理是确保资金发挥应有效益的重要环节，具体反映在各学校的经费使用管理制度执行上。比如，是否制定了详细的管理制度，是否在专项经费的使用过程中制订了经费使用计划，以及是否在经费的使用过程中严格遵守使用程序。公办学校经费是国家财政性资金，有严格的使用程序，申请、审批、支出、报销等一系列环节都有相关的管理制度。在经费使用过程中，既要严格规范程序，避免资金违规使用，又要统筹兼顾、勤俭节约、量力而行、讲求绩效。比如，在申请阶段要求申请人详细填写时间、事项、金额等信息，做到每一笔申请都明晰；在批准阶段要求学校领导量入为出，准确把握经费支出的范围和额度；在支出阶段要求财务人员按照审批标准支出，未经批准不得支出，不得超出审批额度支出；在报销阶段必须符合国家规定，对于不合规或者凭证附件不全的支出不予报销。

2. 教育资金的使用

（1）教育资金的使用内容与结构

教育资金的使用内容与结构，主要是同一学校内部的资金分配问题。对一所学校而言，就是所有能够支配的资金的内容及各部分所占的比例。

在我国，教育经费支出分为事业性支出和基本建设支出两部分。教育事业性支出是指用于维持教育经常性活动所必需的费用。教育基本建设支出反映各级政府用于学校购置固定资产和无形资产，购建基础设施、大型修缮所发生的支出以及与上述项目配套完成的支出，这部分属于教育的建设投资，也可称为非财政预算支出。教育事业性支出分为个人和公共两部分。个人部分包括学校教职人员（含在编教职工和临时聘用人员）的各种薪酬福利、劳动报酬，学校统一为所有教职人员提供的社会医疗保险、社会假期福利等法律规定的保障，以及反映政府对个人和家庭补助的"对个人和家庭的补助支出"；公共部分包括反映学校或单位购买商品和服务支出（不包括用于购置固定资产的支出）的"商品和服务支出"，以及用于学校购置固定资产、土地、无形资产和购建基础设施、大型修缮所发生支出的"其他资本性支出"，如图2-4所示。

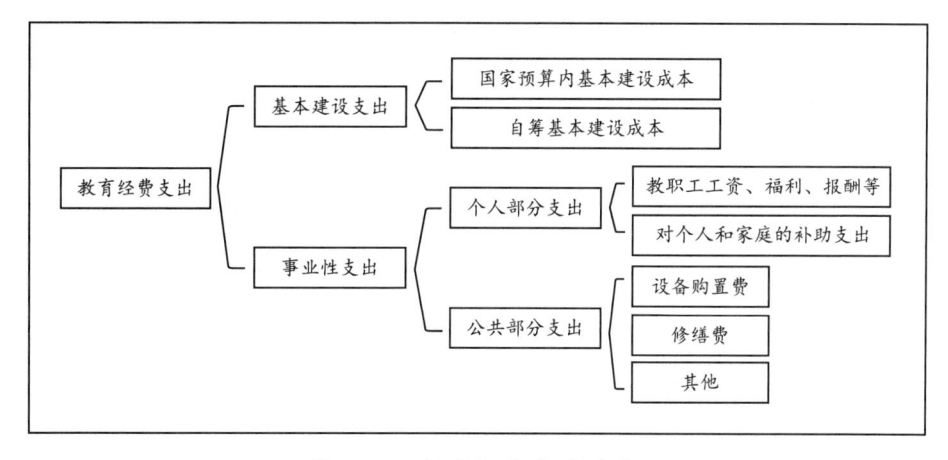

图2-4 教育经费支出分析

调查显示，我国专项教育经费投入占比最大的部分是硬件条件的建设（大约占到全部教育经费的40%以上），人员经费和公用经费的比值偏低，增长速度也比较缓慢。这反映出我国教育经费存在使用不合理的现象。将过多的资金用于购置固定资产，可能会造成浪费，而教职工薪酬福利偏少会影响学校教职人员尤其是专业教师队伍的建设，难以吸引人才，更容易造成优秀教师的流失。在教育经费里有一项用于科研项目的专项经费，若立项不规范，又因为整个预算周期和行政部门工作时间二者存在着时间间隔差，就容易产生漏洞。一般情况下，上一年年末就已经进行了财务年度终结，教育预算在二三月份通过，当经费到达学校时已经是五六月份了，而所有经费需要在下半年使用完毕，就会出现上半年经费短缺，下半年经费浪费的现象，且短期集中开销又使得资金使用效率降低。

我国一直执行的拨款方式是财政部门拨款到地方政府教育部门，再由地方政府教育主管拨款至学校，偶尔有国家财政直接下拨款项到学校，这种方式需要很强的整体统筹规划能力，对我国政府是一项很大的挑战。目前我国教育经费最突出的矛盾是需求量与投入总量之间的矛盾。投入总量不足将直接影响学校资金的使用与管理，各个学段无法得到有力保障，尤其是农村义务教育和中职教育，一些学校低水平运转、人员资金不到位，无法保障教学质量。此外，在一些中职学校和普通高中，没有明确、详细的经费拨款制度，相关体系还不够健全完善。

（2）教育资金的使用内容与结构的价值

第一，教育资金的使用内容与结构影响着教育质量。优化教育资金的使用与配置，有利于提高学校办学效益、提升教育质量，培养出数量更多、素质更好的人才。教育资金的使用内容与结构反映着教育资金投入在教师、学生等方面的具体支出，基础建设支出与事业性支出的使用结构事关教育教学质量。教育资源是有限的，想利用有限的资源最大化地提升教育质量，关键在于教育资金的使用内容与结构的合理安排。

第二，使用结构反映着教育资金利用效率。研究教育资金使用结构有助于改善教育和学校管理，提高教育资源利用率。一般来说，教育系统的高效、平稳运行，需要事业性支出与基本建设支出、事业性支出中人员经费与公用经费这两对配比维持在一定范围内。若基本建设支出比例太低，则校舍等老旧基础设施的翻新、置换耗时长，不利于教学的正常运行和提高质量，而基本建设支出比例过高，势必会造成设备闲置与资源浪费。同理，若事业性支出中人员经费占比过高，则教育业务所需的正常消耗得不到保障，会制约和影响教育质量，相反，若人员经费占比过低，则说明学校在教师的数量或质量方面的投入与公用经费的投入不匹配。由于教育属于劳动力密集型行业，这就解释了"为什么事业性支出比例非常高"。

（3）影响教育资金的使用内容与结构的因素

①教育的性质和特点

教育属于知识服务业，具有劳动密集型行业的主要特点，同时，教育本身又是教育者与受教育者的双重活动。教育的这些特点决定了教育事业性支出中人员经费是刚性支出，所占比重相对稳定。

②教育的技术水平

教育的技术水平对中小学教育经常性支出结构产生重要影响。教育的技术水平决定了教育的物质技术条件和手段的数量与质量。随着教育手段的不断更新和教学物质技术条件的不断改善，各种教学仪器设备、图书情报资料、校舍数量也在增多。这些变化在一些国家或地区可能会带来学校公用经费比重的提升。与此同时，虽然人员经费的绝对数量也在持续上升，但受公用经费增加的影响，人员经费的相对水平可能有所下降。

③教育投资总量和经济发展水平

教育投资总量和经济发展水平是影响高等教育事业性支出结构的根本因素。一般而言，当经济发展水平较低、教育投资总量有限时，要优先保证人员经费，由于工资增长的客观影响，故人员经费比重较大；当经济发展水平较高时，教育投资总量相对充足，虽然人员经费的绝对数量会增加，但其在事业性支出中的比重会下降，公用经费比重则会上升。

④教育投资的存量

教育投资存量是指在现实中由于过去某个时期教育投资所形成的教育资源的存量结构，例如教师的数量和水平、学校建筑规模、教育技术基础设施等。一般而言，教育资源存量结构将影响教育资源分配的增量结构。

⑤教育级别的影响

我国教育级别主要分为四级：学前、初等、中等、高等。一般而言，教育级别越高，基本建设支出及公用经费比重越大。此外，同一教育级别的不同专业、院系，教育资金使用结构不尽相同。

第三章　区域教育资金的投入及产出分析

一、区域教育资金的投入分析

本研究将从财政性教育资金投入和基金会教育资金投入两方面对海沧区教育资金的投入进行纵向趋势分析和横向对比分析。

1. 财政性教育资金投入强度分析

对地方政府来说，各领域间的财政资金的外部分配状况决定着教育资金的投入强度，下面对教育资金的总投入强度及其变化趋势进行宏观分析。

（1）教育资金投入总额

以海沧区为例，近年来，海沧区积极响应国家号召，加大教育资金投入力度，助推教育事业稳健发展。在海沧区成立后的几年里，各项建设资金紧缺，教育财政投入略低，2010年较2009年有轻微幅度的下降。如图 3-1 所示，从 2011 年到 2019 年，教育财政投入一直呈平稳上升趋势，从 2011 年的 4.98 亿元增长至 2019 年的 18.96 亿元。从增长幅度上看，2016 年至 2018 年总体增幅较大，其中 2017 年较 2016 年增长 26.68%，2018 年较 2017 年增长 21.23%，2019 年增速有所减缓。

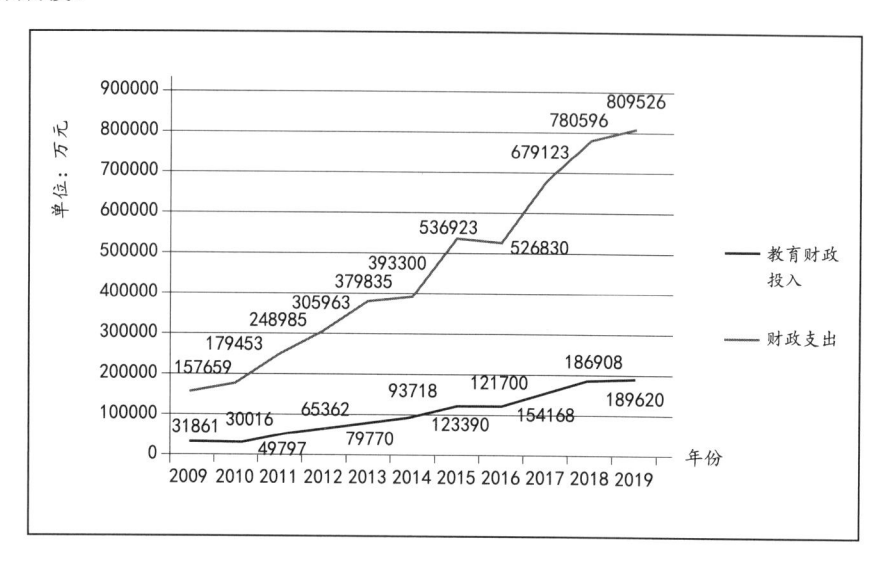

图 3-1 海沧区 2009—2019 年教育财政投入与财政支出变化情况

（数据来源：2010—2020 年海沧区统计年鉴中的财政支出数据）

（2）教育资金投入占总财政支出的比例

①纵向发展趋势分析

教育财政投入总量占总财政支出的比例能够体现教育财政投入的强度，反映政府对教育的重视程度，比例越高，表明教育财政投入的强度越大。如图 3-2 所示，2009 年至 2019 年，海沧区教育公共财政支出的比例都在 20% 以上，且 2014 年至 2019 年维持在 23% 左右，说明政府将多于 1/5 的财政资金用于教育发展，充分表明了海沧区对教育的重视程度是比较高的。

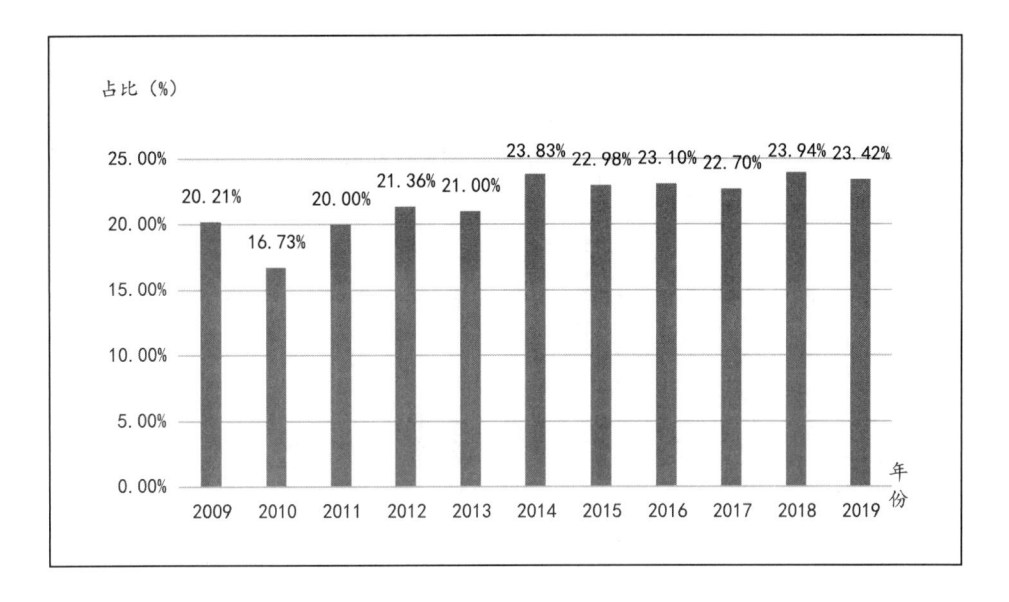

图 3-2　海沧区 2009—2019 年教育财政投入占总财政支出百分比

（数据来源：2010—2020 年海沧区统计年鉴中的决算数据）

②横向分析

2020 年 11 月，教育部、国家统计局、财政部发布《2019 年全国教育经费执行情况统计公告》。公告显示，整个福建省的教育财政支出（即对教育的投入）占当年财政支出的比例位列全国第二，达到了 19.02%。如图 3-3 所示，2009 年至 2019 年，海沧区所在的厦门市教育财政投入占财政支出的比例在 14.07%—16.19% 之间，海沧区的教育财政投入占政府财政支出的比例则在 20%—23.94% 之间。相比之下，海沧区的教育财政投入不仅高于全市的平均水平，更是超过了 2020 年教育财政投入占财政支出比例最高的山东省（20.07%）。

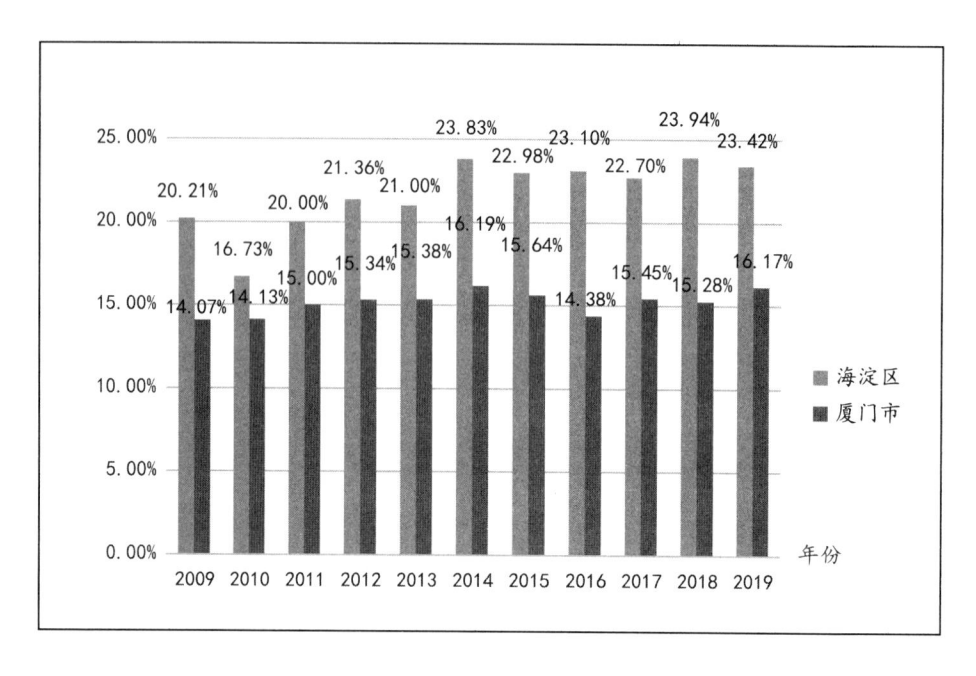

图 3-3 2009—2019 年海沧区、厦门市占财政支出百分比

（数据来源：2009—2020 年海沧区统计年鉴决算数据、2009—2020 年厦门市统计年鉴）

如表 3-1 所示，海沧区教育资金投入占财政支出的比例维持在 23% 左右，而厦门市的教育强区湖里区，其教育资金投入占财政支出的比例在不同年份变动较大（不排除统计数据误差）。与湖里区相比，2017 年后海沧区教育资金投入占财政支出的比例基本与湖里区持平或者略高于湖里区。同在该市的思明区，非常重视教育资金投入，即使在 GDP 下滑导致财政支出减少的年度，仍增加教育经费投入，因此，思明区的教育资金投入占财政支出的比例一直保持高位，甚至有些年度超过 29%。通过数据对比可知海沧区的教育资金投入较思明区仍有一些差距。

表 3-1　海沧区、思明区和湖里区教育资金投入占财政支出百分比

行政区划单位	教育资金投入占财政支出百分比					
	2014年	2015年	2016年	2017年	2018年	2019年
海沧区	23.83%	22.98%	23.1%	22.7%	23.94%	23.42%
思明区	29.1%	29.4%	29.4%	25%	24.9%	27.6%
湖里区	12.78%	29.03%	24.48%	18.46%	20.47%	23.45%

（数据来源：海沧区根据 2014—2020 年各年海沧区统计年鉴中财政支出数据计算得出；湖里区根据 2014—2020 年各年《湖里区国民经济和社会发展统计公报》相关数据计算得出；思明区根据 2014—2019 年各年《思明区财政决算的报告》中的相关数据计算得出）

（3）生均教育经费投入

生均教育经费投入，指受教育者的人均教育资金投入。它充分考虑当地经济发展水平和教育发展实际，由当地财政部门根据在读学生数额制定财政拨款标准。从海沧区所在的厦门市出台的关于生均教育经费的政策来看，生均经费标准每隔 2—3 年进行一次调整，该市生均经费近年来不断升高。表 3-2 使用了海沧区各年度的各阶段教育财政投入决算数据和教育部的统计快报，计算出了 2016 年至 2019 年海沧区和全国不同教育阶段的实际生均教育经费投入。

以 2019 年为例，海沧区幼儿园的生均教育经费支出为 17160 元，全国幼儿园生均教育经费支出为 11855 元，两者相差 5000 多元。

从表 3-2 可以看出，该区各类教育的生均教育经费投入基本高于全国标准。海沧区小学生均教育经费支出逐年增长，2018 年为 16193 元，同年全国为 12733 元；海沧区初中生均教育经费 2018 年有所下降，为 22613 元，但仍高于同年全国水平；海沧区高中生均教育经费从 2017 年起虽逐年下降，但依然高于同年全国水平。

在查阅思明区教育局 2019 年决算报告和思明区 2019 年统计公报数据后，可知 2019 年思明区学前教育财政投入 53256.8 万元，小学教

育财政投入 90644.03 万元，幼儿园在园人数 4.09 万人，小学在校学生数 7.91 万人。于是，计算出 2019 年思明区幼儿园生均教育经费为 13021 元，小学生人均教育经费为 11459 元。相比之下，海沧区学前阶段和小学阶段的生均教育经费均高于思明区，其原因可能是海沧区处于发展建设阶段，所需建设资金较多。

表 3-2　2016—2019 年海沧区与全国生均教育财政投入经费

单位：元

年份	幼儿园 全国	幼儿园 海沧区	小学 全国	小学 海沧区	初中 全国	初中 海沧区	高中 全国	高中 海沧区	职业院校 全国	职业院校 海沧区
2016	8626	9262	11398	14379	16010	20972	16781	40979	16985	20321
2017	9770	8726	12177	15055	17547	24660	18575	37671	18364	24987
2018	10648	11731	12733	16193	18481	22613	20441	32676	19742	23385
2019	11855	17160	13493	14566	19562	21328	22115	27710	21203	20386

［全国数据：教育部 2016 年、2017 年、2018 年、2019 年全国教育经费统计快报；海沧区数据：由各级教育财政投入（来自海沧区教育局 2016—2019 年部门决算）除以各级学生数（来自 2017—2020 年海沧区统计年鉴）］

2. 基金会教育资金投入分析（2017 年起）

基金会的公益项目是基金会最主要的"产品"。教育基金会建立的目的便是接受社会捐赠，对政府教育职能进行补充，解决长期以来教育经费不足的问题。

以海沧区为例，教育基金会的投入主要是项目型投入的，业务范围主要有：（1）资助公益教育文化活动，开展奖教奖学、扶贫助教项目；（2）资助原创性、创新性和实验性教育文化艺术项目；（3）资助区域内教育人才，扶植教育人才；（4）资助有助于区域教育文化水平提升和扩大区域影响力的国内外教育文化交流项目。

如表 3-3 所示，海沧区教育基金会自 2017 年成立两年来，共承担

9项公益项目，项目支出总计9590182元。其中公益教育文化活动共计4项，分别为奖教奖学2项、扶贫助教1项、公益教育文化1项，项目总支出6586533元，占总支出的68.68%，是公益项目支出的主体；人才培养活动共计2项，分别为教育人才培养1项、扶植教育人才1项，项目总支出2039633元，占比21.26%；教育文化艺术项目1项，项目总支出217432元，占比2.27%；国内外教育文化交流项目1项，项目总支出446584元，占比4.66%；对外扶贫项目1项，共计300000元，占比3.13%。

表3-3 海沧区教育基金会2017—2019年公益项目统计

业务名称	具体项目名称	项目数量	项目支出（元）	占比（%）
公益教育文化活动	奖教奖学	2	4608461	48.05
	扶贫助教	1	538000	5.61
	公益教育文化	1	1440072	15.02
人才培养	教育人才培养（学生）	1	1549293	16.15
	扶植教育人才（教师）	1	490340	5.11
教育文化艺术项目	教育文化艺术	1	217432	2.27
国内外教育文化交流项目	国内外教育文化交流	1	446584	4.66
对外扶贫项目	对外扶贫项目	1	300000	3.13
总计		9	9590182	100

（数据来源：海沧区教育基金会官网及基金会中心网）

二、区域教育资金的分配结构及趋势分析

1. 总体分配结构分析

表3-4呈现的是2013年至2019年间海沧区各阶段教育的实际资

金支出即财政资金对各阶段教育的投入，可以看出，各阶段的教育财政投入都保持增长，只是增速有所不同。

表 3-4　海沧区 2013—2019 年各阶段教育财政投入情况

单位：元

年份 阶段	2013	2014	2015	2016	2017	2018	2019
学前教育	3632.54	7394.38	11053.74	15603.54	16569.39	23114.77	37420.68
小学教育	16234.02	25656.26	34941.23	43478.95	48870.86	56695.42	55666.46
初中教育	7582.74	10479.31	11881.49	17258.07	23670.90	24589.05	26450.87
高中教育	3693.30	6667.32	9378.14	11088.81	11169.50	10681.87	9751.13
职业教育	3244.09	3061.98	4361.86	4903.34	7176.86	6546.26	5861.10
特殊教育	—	—	3.37	26.46	118.87	208.19	458.87
教育财政投入	48197.64	70968.11	87621.95	105348.03	119009.98	148680.41	160174.11

（数据来源：2013—2019 年海沧区教育局部门决算）

教育经费在各阶段教育之间的配置比例主要受到本国各阶段教育发展运行成本、教育发展阶段和水平、教育发展战略、教育发展质量等多种因素的综合影响[1]，同时还受到经济发展水平和教育发展历史文化等因素的影响。

在教育总投入存在总量约束的条件下，各阶段教育经费配置之间存在内部竞争关系。[2] 从公共财政教育资金投入结构（图3-4）来看，近年来海沧区各阶段教育资金投入比例大致上无明显变化，小学教育

---

[1] 余杰，胡臣瑶，贺杰. 教育经费投入强度、结构、体制的宏观分析——基于中国与OECD国家的比较[J]. 会计之友, 2020(1): 103-111.

[2] 余杰，胡臣瑶，贺杰. 教育经费投入强度、结构、体制的宏观分析——基于中国与OECD国家的比较[J]. 会计之友, 2020(1): 103-111.

资金投入占比最大，中等教育次之，各阶段教育资金投入比例结构较为稳定。

海沧区教育资金投入结构与我国整体上"中等教育资金投入占比最大，初等教育次之"的格局呈现出相反的趋势。这与海沧区近年来的流动人口增多，学前教育和小学教育需求旺盛息息相关。为了满足区域内人民群众的教育需求，政府大力保障义务教育的普及，并加大了学前教育的投入比例。

为了实现教育资金的有效使用，海沧区各阶段教育资金配置结构的优化显得极为重要。海沧区教育应该针对当前时期的教育发展规划、教育发展目标合理地调整各阶段教育资金的配置，以实现教育资源和资金的最大化效用。

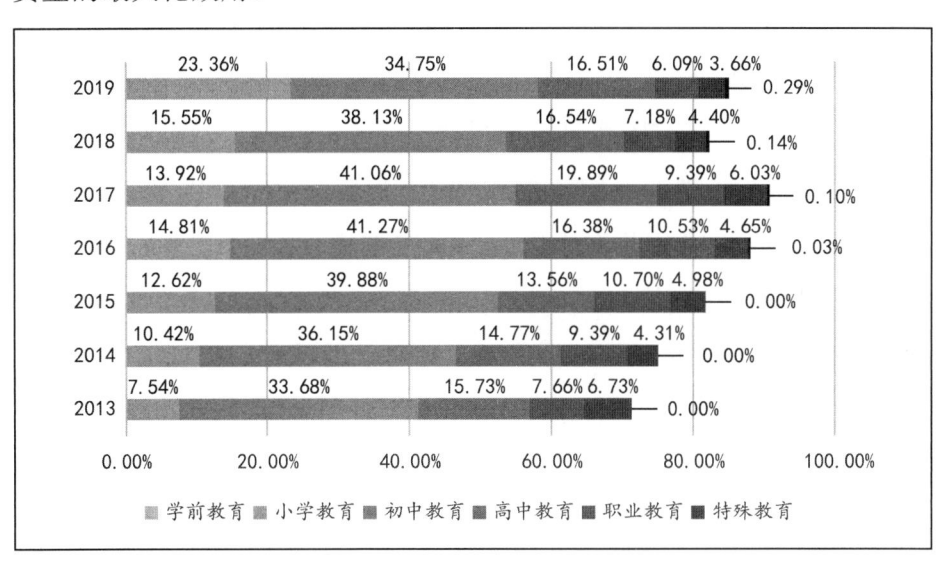

年份	学前教育	小学教育	初中教育	高中教育	职业教育	特殊教育
2019	23.36%	34.75%	16.51%	6.09%	3.66%	0.29%
2018	15.55%	38.13%	16.54%	7.18%	4.40%	0.14%
2017	13.92%	41.06%	19.89%	9.39%	6.03%	0.10%
2016	14.81%	41.27%	16.38%	10.53%	4.65%	0.03%
2015	12.62%	39.88%	13.56%	10.70%	4.98%	0.00%
2014	10.42%	36.15%	14.77%	9.39%	4.31%	0.00%
2013	7.54%	33.68%	15.73%	7.66%	6.73%	0.00%

图 3-4　2013—2019 年海沧区各阶段教育财政投入占财政性教育财政投入总量百分比

（数据来源：2013—2019 年海沧区教育局部门决算）

2. 各阶段教育资金分配趋势分析

(1) 学前教育资金分配趋势分析

厦门市教育高度重视学前教育资金投入，在《厦门市中长期教育改革和发展规划纲要（2010—2020年）》中明确指出要逐步试行包括学前一年在内的十年义务教育改革，并将学前教育作为公共财政的重点投入领域。

学前教育财政投入是促进学前教育事业稳定发展的重要保障和必要条件。海沧区积极落实上级政策，近年来对学前教育进行稳定的支持，如前表3-4所示，海沧区学前教育资金投入总体上呈现明显上升趋势，学前教育财政投入占财政性教育财政投入百分比有大幅上涨的趋势，由2013年的3632.54万元上升为2019年的37420.68万元，7年期间增长10倍多。

如图3-5所示，从支出占比角度来看，学前教育财政投入占当年财政性教育财政投入的比例由2013年的7.54%上升为2019年的23.36%，虽然2017年稍有下降，但大的趋势是不断增长，并在2019年达到了七年的最高值。

主要原因是近年来海沧区流入人口对学前教育的需求量比较大。为了适应适龄人口的教育需求，海沧区近年来非常注重幼儿园的建设，幼儿园数量由2013—2018年的58所增加到2019年的103所，其中2019年投入使用的幼儿园多达45所。

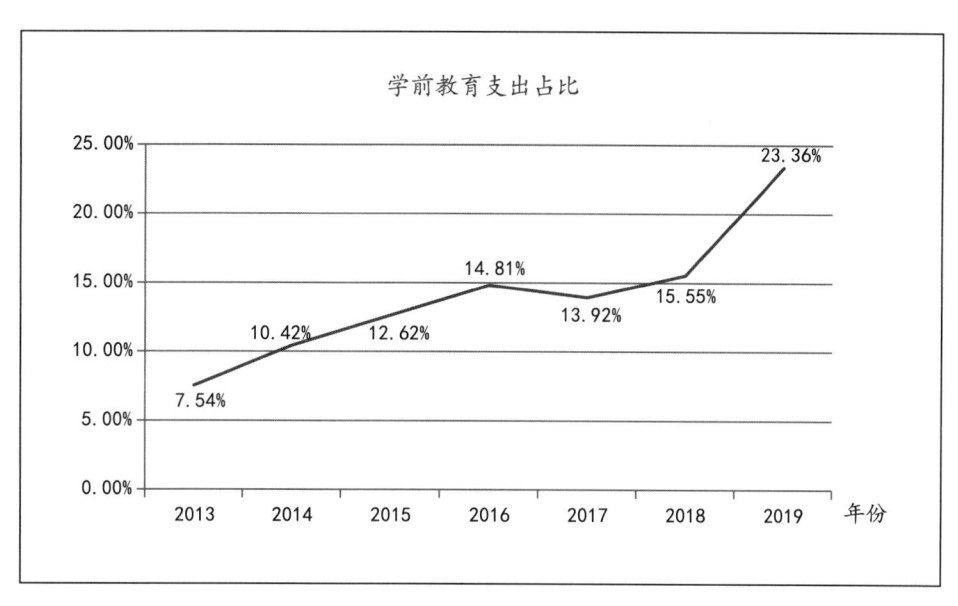

图 3-5　2013—2019 年海沧区学前教育财政投入占财政性教育财政投入百分比

（数据来源：2013—2019 年海沧区教育局部门决算）

（2）小学教育资金分配分析

2013—2019 年海沧区小学教育财政投入总量呈现明显上升的趋势。如前表 3-4 所示，2013 年海沧区小学教育财政投入为 16234.02 万元，2019 年增长到 55666.46 万元，为 2013 年的 3 倍多。但如图 3-6 所示，海沧区小学教育财政投入占财政性教育财政投入的比例从 2013 年的 33.68% 一直上升到 2016 年的 41.27% 后，逐步回落，2019 年这一比例下降至 34.75%。从各阶段的分配比例变化趋势来看，7 年间海沧区小学教育财政投入的占比增加幅度非常小。

提高教育事业的质量，小学教育是不可忽略的重要阶段。作为义务教育的重要组成部分，小学教育在整个教育事业中起着至关重要的作用。当前，在追求适龄儿童少年的受教育机会平等的前提下，更加追求儿童的德智体美劳等方面的全面发展，这就要有更多资金的投入。

小学教育支出占比

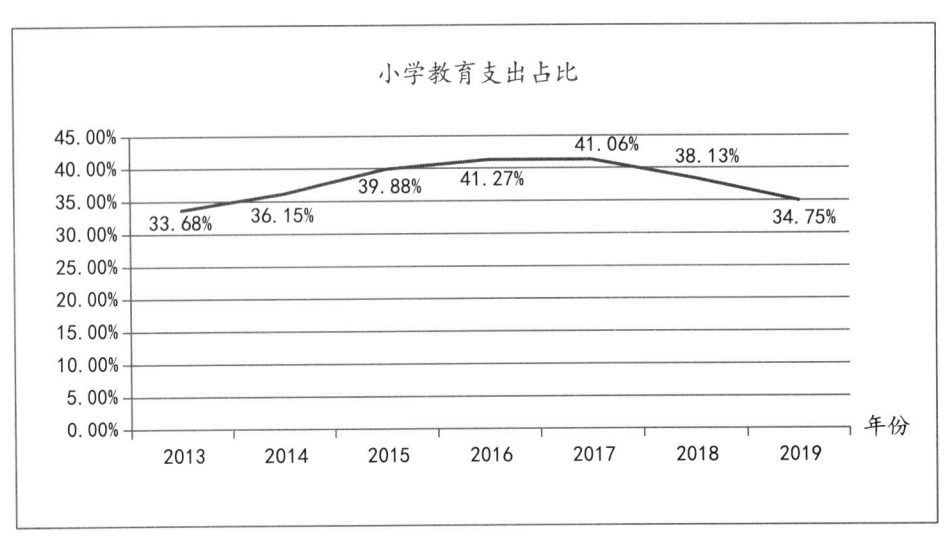

- 2013: 33.68%
- 2014: 36.15%
- 2015: 39.88%
- 2016: 41.27%
- 2017: 41.06%
- 2018: 38.13%
- 2019: 34.75%

图 3-6 2013—2019 年海沧区小学教育财政投入占财政性教育财政投入百分比

（数据来源：2013—2019 年海沧区教育局部门决算）

（3）初中教育资金分配分析

如前表 3-4 所示，初中教育财政投入从 2013 年的 7582.74 万元增长到 2019 年的 26450.87 万元，增长了 3 倍多。但是从整个教育阶段的分配来看，初中教育资金投入占财政性教育财政投入的比例呈现曲线变化趋势。如图 3-7 所示，2013 年至 2015 年初中教育投资所占比例呈下降趋势，2016 年和 2017 年初中教育投资所占比例有所上升，到 2017 年达到最大比例 19.89%，随后两年又有所下降，至 2019 年，所占比例降至 16.51%。近年来海沧区初中学校数量变化不大，新建学校较少，因此，与蓬勃发展的学前教育相比，所占份额没有大的变化。

初中教育支出占比

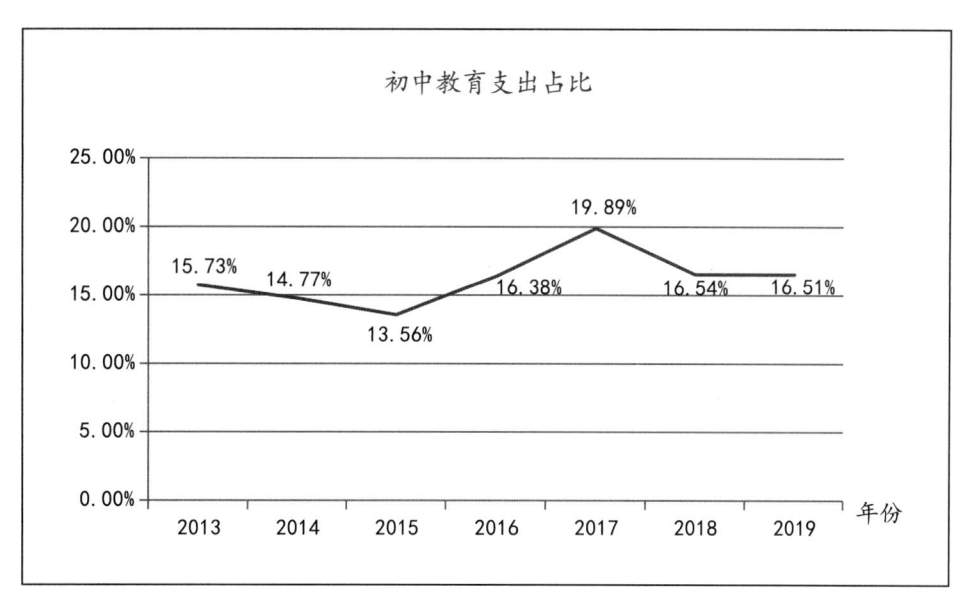

- 2013: 15.73%
- 2014: 14.77%
- 2015: 13.56%
- 2016: 16.38%
- 2017: 19.89%
- 2018: 16.54%
- 2019: 16.51%

图 3-7　2013—2019 年海沧区初中教育财政投入占财政性教育财政投入百分比

（数据来源：2013—2019 年海沧区教育局部门决算）

（4）高中教育资金分配分析

如前表 3-4 所示，高中教育资金投入由 2013 年的 3693.3 万元增加到 2019 年的 9751.13 万元。如图 3-8 所示，2013 年至 2019 年，高中教育资金投入占比呈现先增加后减少的趋势，2013 年至 2015 年占比持续增加，到 2015 年达到最大值 10.70%，之后开始下降，到 2019 年占比降为 6.09%。导致这种变化的原因是海沧区近年来一直维持两所高中的数量，且在校生人数近年来变化较小，因此在大幅度增加的教育经费总额中占比下降。

★ 基于教育资金的教育发展研究报告

图 3-8　2013—2019 年海沧区高中教育财政投入占财政性教育财政投入百分比

（数据来源：2013—2019 年海沧区教育局部门决算）

（5）职业教育资金分配分析

作为教育体系的一部分，职业教育在推动就业、支撑产业发展等方面发挥着重要作用。如前表 3-4 所示，2013 年职业教育资金投入为 3244.09 万元，2019 年则为 5861.10 万元，是 2013 年的近 2 倍。如图 3-9 所示，2013 年至 2017 年，海沧区职业教育财政投入占财政性教育财政投入的比例呈现波动下降的总体趋势，在 2017 年达到最高峰 5.77% 后逐渐下降，直至 2019 年的 3.66%。与学前教育、小学教育的占比相比，职业教育的占比显然较少，这是由于海沧区的职业学校仅有一所，且学生数量变化不大。在下一阶段的发展中，海沧区应当根据当前职业教育的发展情况以及主要需求，确定资金投入的重点，进而确保最终的投入效益。

图 3-9　2013—2019 年海沧区职业教育财政投入占财政性教育财政投入百分比

（数据来源：2013—2019 年海沧区教育局部门决算）

自 2006 年以来，厦门市要求投入到职业学校的教育附加费投入不少于各阶段教育附加费投入总量的 30%。因此，职业院校的生均经费和专项经费都给予了较大的倾斜，保证了其资金的充裕度。

目前，对职业教育的投入还包括免学费政策、助学金政策，其中助学金政策要求中职学校 10% 的学生可以获得助学金资助。国家助学金的资助标准为：全日制正式学籍一、二年级在校涉农专业及非涉农专业的家庭经济困难学生，按每生每年 2000 元标准发放。

（6）特殊教育资金分配分析

特殊教育作为教育的有机组成部分，不仅是保障特殊儿童少年受教育权的基本路径，而且是促进特殊儿童少年融入社会的奠基工程。[1] 在国家颁布的《第二期特殊教育提升计划（2017—2020 年）》中也提到

---

[1] 雷江华. 改革开放 40 年我国特殊教育重要进展与未来展望[J]. 现代特殊教育，2019(23)：5-11.

"应当健全特殊教育经费投入机制,在制定学前、高中阶段和高等教育的生均财政拨款标准时,重点向特殊教育倾斜"。

2015年至2019年,海沧区特殊教育财政投入占财政性教育财政投入的比例总体呈现上升的趋势,从2016年的0.03%增长到2019年的0.29%。由于特殊儿童在学生人群中所占比重小,因而特殊教育财政投入占财政性教育财政投入的比例较低。2018年,海沧区成立第一所特殊教育学校,是一所规划了学前教育、九年义务教育、职业技术教育的十五年一贯制学校,具有全日制学校教育、海沧区特殊教育资源与指导中心、海沧区随班就读指导中心、海沧区自闭症儿童早期干预中心、海沧区特殊教育职业教育基地等多个职能。由于成立时间较短,该校还处于初始发展阶段,仍然需要大量资金保障。

三、区域教育资金的产出分析

教育资金的产出包括对个人和社会的直接效益和外溢效益,本研究主要是对教育资金的直接效益进行分析,选择了教育资源分布、办学条件、教师队伍、学生培养质量四个维度共9个指标进行评价。指标间的从属关系如图3-10所示。

(1)教育资源分布:①学校密度,即区域内学校数量与区域管辖面积的比例。学校密度的大小反映了学校资金的在地理分布角度的丰富程度。②人均学校数量,即本区学校数量占全区人口数量的比例。人均学校数量反映了人均可使用教育资源的多少。

第三章 区域教育资金的投入及产出分析

```
                          ┌─→ 学校密度
           ┌─→ 教育资源分布 ┤
           │              └─→ 人均学校数量
           │
           │              ┌─→ 校舍面积
           ├─→ 办学条件   ┤
           │              └─→ 平均班生额
教育资金产出 ┤
           │              ┌─→ 教职工人数
           ├─→ 教师队伍   ├─→ 师生比
           │              └─→ 专任教师学历合格率
           │
           │              ┌─→ 高考本科率
           └─→ 学生培养质量┤
                          └─→ 学生培养模式
```

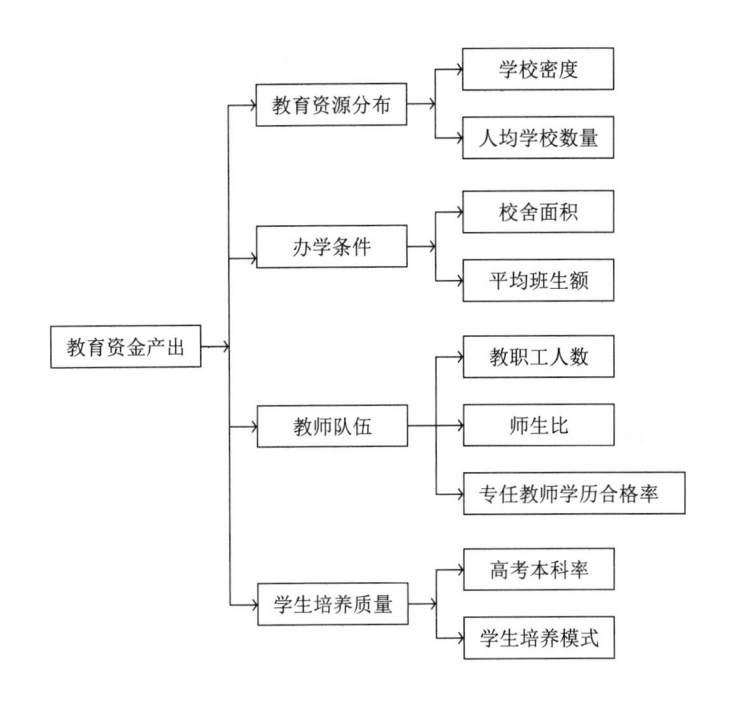

图 3-10　教育资金产出指标

（2）办学条件：①校舍面积，《中华人民共和国义务教育法》第十六条规定：学校建设，应当符合国家规定的办学标准，适应教育教学需要。此次统计的校舍面积包括学校占地面积、校舍建筑面积、教学及辅助用房面积、行政办公用房面积、生活用房面积、其他用房面积和危房面积。②平均班生额情况，平均班生额＝学生数/班级数。班生额数是衡量办学条件的一个重要指标。班额过大，会影响学生受教育的质量，所以必须控制班生额数，确保每一个孩子都能接受高质量的教育。

（3）教师队伍：①教职工人数，教职工的配备数与一个地区学生生源数存在正向相关性。其是保障一个地区教育质量的基础性条件。②生师比，生师比是指具有学籍的在校学生总数与在编在岗教职工的比例。③专任教师学历合格率，通过专任教师学历合格率来分析各学历阶段的教师人数以及占全部教师的比例。

（4）学生培养质量：①学生质量是教育的最终结果，也是评价教育资金效用的重要方面。本研究采用海沧区高考本科率进行学生质量评价。②培养模式，即特色化办学、科研型办学和国际化办学等落实贯穿素质教育的培养模式。评价学生素质不能仅看重升学率，学生知识水平、道德素质、兴趣特长等也是学生素质的重要体现，这部分难以通过指标量化，本研究将通过定性方式进行论述。

1. 财政性教育资金的产出分析

（1）教育资源分布

指标1：学校密度

海沧区总面积为186.82平方公里，厦门市总面积为1700.61平方公里。海沧区的占地面积超过湖里区和思明区占地面积的和，2018年海沧区的学校密度略低于全市平均水平，但与湖里区和思明区有较大差距。2019年由于海沧区新增55所幼儿园，幼儿园数量在2019年几乎实现翻倍，因此2019年海沧区的学校密度大大提高，2019年海沧区的学校密度超过厦门市平均水平，但与面积小、学校多的教育强区湖里区相比，尚有不小的差距。具体指标见表3-5。

表3-5　2018—2019年海沧区、湖里区、思明区学校密度比较

区域	总面积（平方公里）	学校数量 2018年	学校数量 2019年	学校密度 2018年	学校密度 2019年
海沧区	186.82	91	146	0.4871	0.7815
湖里区	73.77	164	212	2.2231	2.8738
思明区	84.00	215	240	2.5595	2.8571
厦门市	1700.61	1151	1427	0.6768	0.8391

（计算公式：学校密度=学校数量/面积区域。数据来源：区域面积来源各区政府网站；海沧区学校数量来源于2019年和2020年海沧区统计年鉴；湖里区、思明区数据来自各区2018年和2019年国民经济和社会发展统计公报）

指标2：人均学校数量

如图3-11所示，海沧区人均学校数量在2012年至2018年都在下降，但在2019年有所回升。2011年前海沧区人均学校数量比全市多，在这之后随着海沧区人口的急剧增加，海沧区人均学校数量不断下降，2014年后差距不断拉大，海沧区人均学校数量低于全市水平且呈不断下降趋势。近年来人口大量涌入厦门市和海沧区，造成了区域内学校资源的紧张，目前厦门市和海沧区都在加紧建设学校，随着学校数量的增加，未来人均学校数量也将会增加。

表3-6呈现了2019年海沧区与湖里区、思明区的人均学校数量。可以看出，2019年海沧区人均学校数量为3.5096，而同年度湖里区和思明区人均学校数量分别为2.0663和2.3460，因此海沧区的人均学校数量已经超过教育强区湖里区和思明区。由于海沧区与湖里、思明两区相比具有地广人稀的特点，因此虽然前面所述，海沧区单位面积的学校数量明显低于湖里、思明两区，但海沧区的每万人学校数量却是湖里、思明两区的1.7倍左右，与全市的平均水平基本持平。

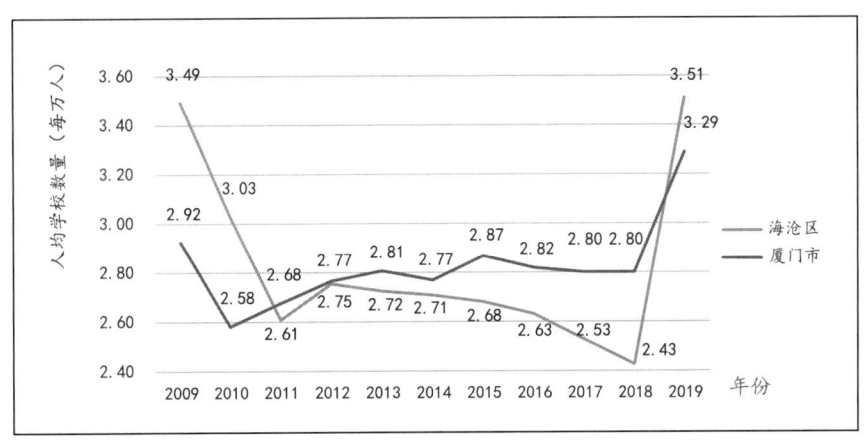

图3-11 海沧区与厦门市2009—2019年人均学校数量变化情况

（计算公式：学校数量/常住人口数量。数据来源：海沧区2010—2020年统计年鉴、2010—2020年厦门市特区年鉴）

表3-6　2019年海沧区与湖里区、思明区人均学校数量情况

行政区划单位	2019年人口数（万人）	学校数量	每万人学校数量
海沧区	41.6	146	3.5096
湖里区	102.6	212	2.0663
思明区	102.3	240	2.3460

（数据来源：海沧区2010—2020年统计年鉴，2010—2020年厦门市各级各类学校情况）

（2）办学条件的改善

①占地面积和建筑面积

占地面积和建筑面积反映了学校的空间大小，保证一定的生均活动面积是实现学生在学校健康学习、成长的前提。学校占地面积包括建筑面积、绿化面积、活动场地三个部分。图3-12展示的是2009—2019年海沧区生均学校占地面积、建筑面积的数据。

从学校占地面积和建筑面积的总量来看，海沧区学校占地面积和建筑面积在十一年间都有大幅扩增。数据显示，学校占地面积由2009年的563783平方米增加至2019年的1385780.4平方米，学校建筑面积由2009年的322209平方米增加至2019年的895540平方米。但由于在校生人数的快速增长，生均学校占地面积和生均学校建筑面积均呈下降趋势。两项指标在2010年有所增加，其后由于学生人数的不断增加两项指标都不断下降。2018年后又出现了小幅上升的趋势。

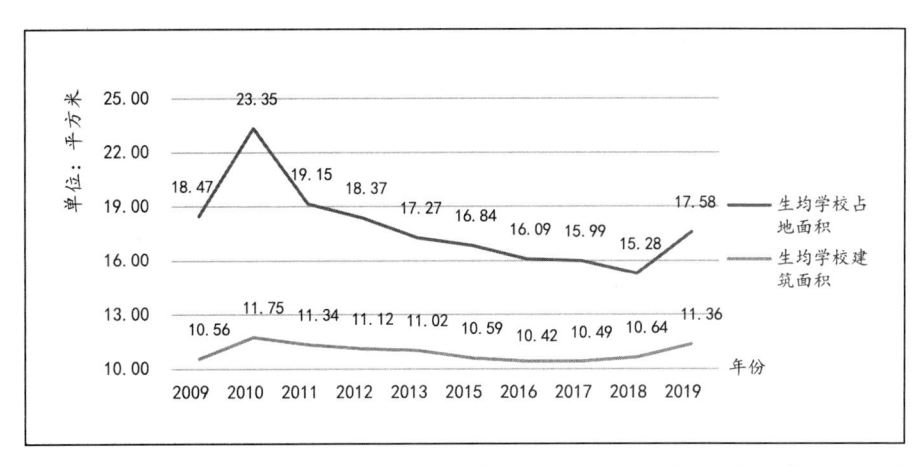

图 3-12　海沧区 2009—2019 年生均学校占地面积、生均学校建筑面积变化情况

（数据来源：海沧区 2010—2020 年统计年鉴。2014 年数据缺失）

从图 3-13 可以看出幼儿园的生均学校占地面积呈现不断波动、曲折上升状态，总体来说，2019 年较 2009 年略有上升，从 8.10 平方米/人上升为 12.57 平方米/人。从图 3-14 可以看出幼儿园生均学校建筑面积在 2010 年、2011 年下降，其后逐年上升。总的来说，生均学校建筑面积由 6.89 平方米/人增加到 11.42 平方米/人。

图 3-13 可看出小学生均学校占地面积在 2010 年上升，其后逐年下降且下降幅度较大，由 2010 年 19.41 平方米/人下降到 2018 年 8.32 平方米/人，但 2019 年又增加为 10.78 平方米/人。从图 3-14 可以看出小学生均学校建筑面积除 2011 年较 2010 年上升外，其余年份都较上一年下降，下降幅度较大，由 2009 年 5.17 平方米/人下降为 2018 年 3.45 平方米/人，但 2019 年有轻微增加，变为 5.14 平方米/人。

从图 3-13 和图 3-14 可以看出中学生均学校占地面积和生均学校建筑面积在 2010 年上升，之后曲折变化，略有变动。但生均占地面积

2019年较2009年略有上升，从40.03平方米/人增加为40.56平方米/人。但生均学校建筑面积略有下降，从2009年的25.20平方米/人变为2019年的24.18平方米/人。

从图3-13看出职业学校生均学校占地面积在2013年后不断下降，2018年生均占地面积较九年前由18.44平方米/人下降为16.00平方米/人。从图3-14看出职业教育学校生均学校建筑面积在十年间曲折上升，增幅较大，由2009年的10.80平方米/人上升为2018年的23.52平方米/人。

比较不同类别学校占地面积可以看出，海沧区中学的生均学校占地面积最大，且遥遥领先，职业学校生均学校占地面积居次位。2016年前，幼儿园的生均学校占地面积最小；2016年后，小学生均学校占地面积最小。

从生均学校建筑面积来看：中学生均学校建筑面积最大，其次是职业学校。2012年后职业学校生均学校建筑面积迅速增大，与中学生均学校建筑面积差距大大缩小。除2011年，其他年份小学的生均学校建筑面积最小。

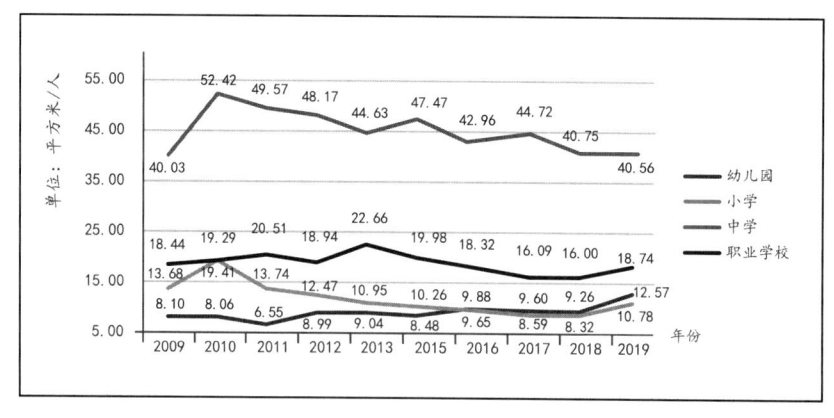

图3-13 海沧区2009—2019年生均学校占地面积变化情况

（数据来源：海沧区2010—2020年统计年鉴。2014年数据缺失）

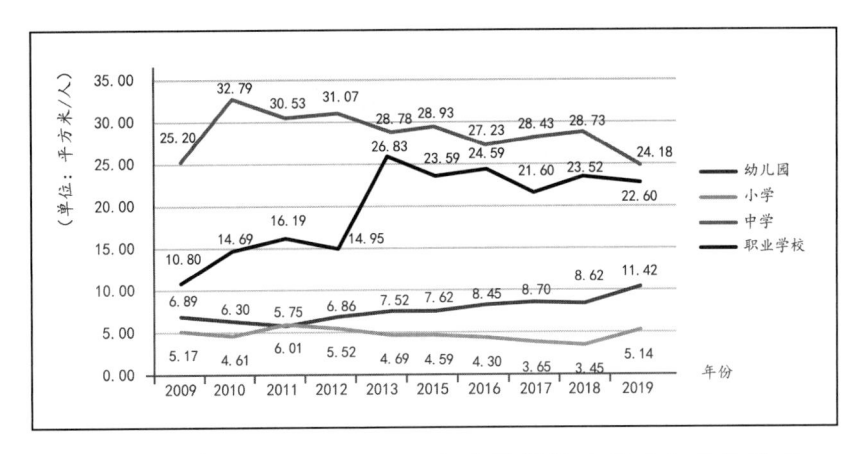

图 3-14 海沧区 2009—2019 年生均学校建筑面积变化情况

（数据来源：海沧区 2010—2020 年统计年鉴。2014 年数据缺失）

②平均班生额

班生额即每班学生人数，学校应保证班生额适中，不过大或过小，从而使得教育资源得到充分利用，学生受到充分的教育。海沧区 2009—2019 年各类学校平均班生额如图 3-15 所示。

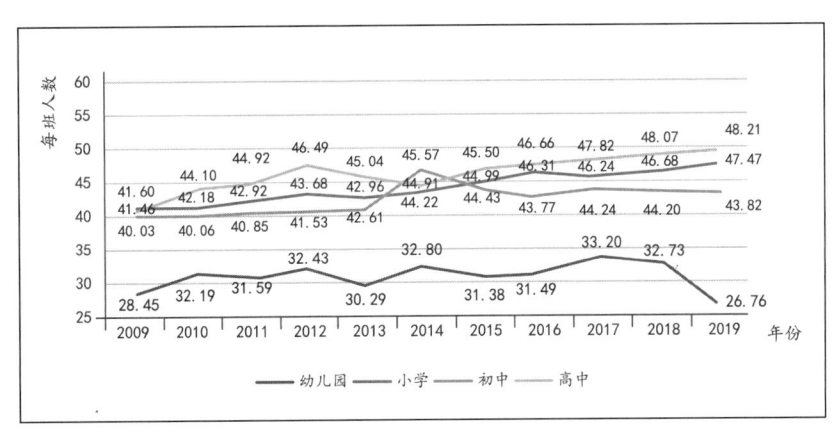

图 3-15 海沧区 2009—2019 年各类学校平均班生额变化情况

（数据来源：根据海沧区 2010—2020 年统计年鉴中的数据计算而得。2014 年初高中班级数可能有误）

061

2009—2019年，幼儿园平均班生额为每班31名幼儿上下浮动，由于2019年海沧区幼儿园数量和班级数量大幅度增加，因此2019年海沧区幼儿园平均班生额显著降低，为26.75名。国家规定的幼儿园班生额：小班（3至4岁）：每班人数为20至25名；中班（4至5岁）：每班人数为20至30名；大班（5至6岁）：每班人数为30至35名。海沧区幼儿园班生额基本符合国家相关规定，随着班级数量的增长超过学生数量的增长，近年来向班生额降低方向发展。

2009—2019年小学班生额呈持续上升趋势，且增量较大，表明海沧区的小学入学压力较大。从2009年每班41.6人上升到2019年每班47.47人。《教育部〈关于贯彻国务院办公厅转发中央编办、教育部、财政部关于制定中小学教职工编制标准意见的通知〉的实施意见》（教人〔2002〕8号）中对中小学每班学生的人数作了明确规定，海沧区小学班生额符合教育部规定。

初中班生额从2009—2015年呈逐年上升趋势，在2016年略有下降，其后仍呈上升趋势。2018年平均班生额为44.2名，2019年稍有回落，降为43.82名，与2009年相比，十一年间每班约增加4名学生。

高中班生额除2013年略有下降外，其余年份都较上一年上升。由2009年的每班平均41.46名学生上升为2019年每班平均48.21名学生，十一年间班生额增长较大。海沧区仅有两所高中，近年来学生数量有所增加，但教师数量没有大的变动，导致近年来高中的平均班生额较高。

海沧区各类学校的班生额目前都略高于国家班生额限定标准或者与国家限额持平。幼儿园班生额最小，其他类型的学校班生额由大到小分别为高中、小学、初中，且变化趋势大体相同。

(3) 教师队伍的提升

①教职工人数的变化

表3-7给出了海沧区2009—2019年各类学校的教职工数量,可以看出除个别年份,总体上各类学校的教师数量都在不断增加,教师总人数实现了翻番。其中,幼儿园教职工数增加最多,2019年比2009年增加了2420名教职工;其次是小学专任教师数量,2019年比2009年增加了1628名教师;初中专任教师数量也增加了548名,高中专任教师数量增加不多。

表3-7 2009—2019年海沧区各类学校教职工人数

年份	幼儿园教职员工数量	小学专任教师数量	初中专任教师数量	高中专任教师数量	职业学校专任教师数量	总人数
2009	756	678	380	201	78	2093
2010	783	694	379	188	81	2125
2012	1131	686	415	224	82	2538
2013	794	785	427	196	86	2288
2014	1384	1009	461	203	88	3145
2015	1744	1389	561	194	92	3980
2016	1953	1546	581	200	95	4375
2017	2187	1762	697	215	133	4861
2018	2283	1901	847	243	195	4994
2019	3176	2306	928	269	197	6606

(数据来源:海沧区2010—2020年统计年鉴。2011年数据缺失)

②生师比

a. 各类学校十年间生师比变化

图3-16呈现的是海沧区各类学校2009—2019年的生师比数据和

变化趋势。

幼儿园的生师比在2009—2013年整体呈上升趋势,2013年当年入园人数猛增导致生师比上升;2014年后幼儿园教职工数量增加,生师比不断下降。2019年较2018年生师比又有显著下降,达到历史最低值6.87∶1。

小学生师比在2009—2012年不断上升,2012年达到峰值28.85∶1;之后不断下降,2017年、2018年维持在18.42∶1。

2009—2019年,初中生师比变化范围不大,2014年达到最大值15.12∶1;之后曲折式下降,2019年减至13.36∶1。

高中生师比在十年间曲折上升,由2009年的10.73∶1上升至2018年的13.45∶1。2019年有轻微下降,为13.08∶1。

通过对不同类型的学校比较会发现,小学生师比一直最高,2013年前其余三类学校生师比相似,2013年后幼儿园生师比下降最显著。

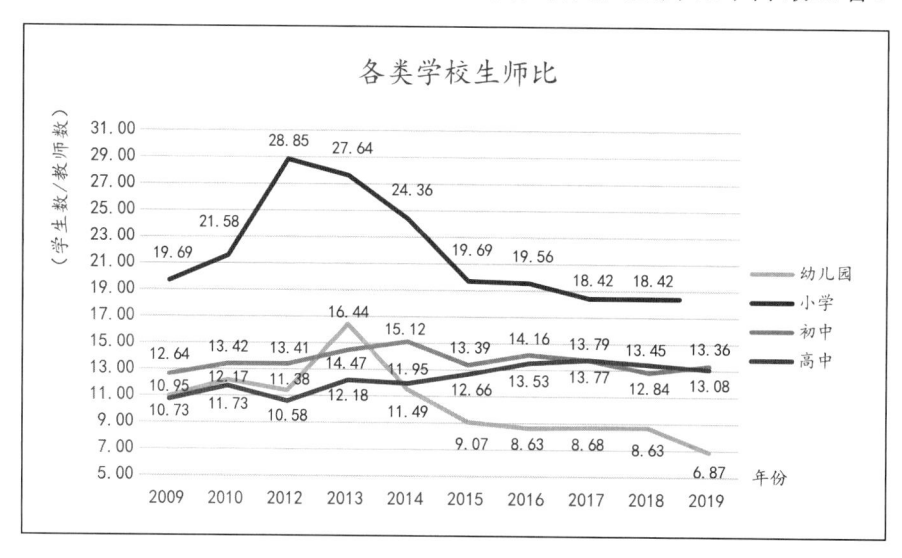

图3-16 海沧区2009—2019年各类学校生师比变化情况

(数据来源:海沧区2010—2020年统计年鉴。2011年数据缺失,2019年小学专任教师数量空缺)

b. 海沧区生师比与全国生师比的比较

表 3-8 呈现的是 2018—2019 年海沧区和全国的各类生师比数据。从两年的数据对比来看，海沧区幼儿园生师比远低于全国的，说明海沧区幼儿教师数量较宽裕；小学生师比 2018 年高于全国的数据，2019 年略低于全国的，综合来看，海沧区小学教师与学生比例较合适；海沧区初中生师比略高于全国的，初中教师数量较合适；海沧区高中生师比略高于全国的，高中教师数量较合适。

表 3-8　2018—2019 年海沧区与全国各类学校生师比

学校类别	幼儿园		小学		初中		高中	
年份	2018 年	2019 年	2018 年	2019 年	2018 年	2019 年	2018 年	2019 年
海沧区	8.63∶1	6.87∶1	18.42∶1	16.57∶1	12.84∶1	13.36∶1	13.45∶1	13.08∶1
全国平均	16.60∶1	15.90∶1	17.00∶1	16.90∶1	12.80∶1	12.90∶1	13.10∶1	13.00∶1

（数据来源：海沧区数据由 2010—2020 年海沧区统计年鉴计算而得；全国数据来源《2018 年全国教育事业发展统计公报》《中国教育概况——2019 年全国教育事业发展情况》）

在 2004 年，教育部下发通知，明确规定幼儿园的生师比 14∶1 为优，16∶1 为好，18∶1 为合格。因此，海沧区幼儿园的生师比远远高于全国平均水平，属于优秀级别。2018 年和 2019 年，海沧区小学、初中、高中的生师比略高于全国平均水平。同市的思明区，2019 年全区的生师比约为 15∶1，海沧区的生师比从总体上看与思明区基本持平。

③专任教师学历合格率

通过调研得知，海沧区教育局在招聘工作中十分重视教师的学历和素质，招聘的教师都满足各阶段专任教师学历合格的条件。近年来，海沧区各类学校的专任教师学历合格率都满足国家标准，且随着新旧教师的交替，专任教师学历合格率逐年上升，稳稳超过国家标准。此外，海沧区还出台了各种优惠的人才引进政策，吸引了很多"985"和"211"大学的毕业生加入海沧区的教师队伍。

（4）学生质量

①高考本科率：即海沧区高中升大学本科录取率。

表3-9 海沧区2017—2020年高考本科上线人数情况

年份	海沧实验中学 本科上线人数	占比	海沧中学 本科上线人数	占比	总数 本科上线人数	占比
2017年	402	93.00%	182	44.16%	584	74.30%
2018年	469	97.00%	210	55.68%	679	80.07%
2019年	526	95.29%	292	69.50%	818	86.08%
2020年	542	98.20%	262	63.60%	804	83.40%

（数据来源：海沧实验中学和海沧中学网站数据及网络搜索）

如表3-9所示，海沧区仅有两所高中，2017年至2019年的高考本科上线人数不断增加，海沧实验中学和海沧中学整体的高考成绩提升很大。2017年海沧区高考本科率为74.30%，2018年为80.07%，2019年本科上线率继续增加。

因此可以看出，当地学前教育和十二年中小学教育的产出质量较高。

②学生培养模式，即特色化办学、科研型办学和国际化办学等落实贯穿素质教育的培养模式。特色化办学包括有助于促进学生德智体美劳全面发展的特色多元课程与活动，如航模社团、管弦乐队、舞蹈队、农耕实践课程等。科研型办学包括重视学生科学素养、科学精神的培养，打造重点科研基地、3D打印技术体验室、科技实验室等学生科研活动中心。国际化办学包括搭建学生国际化交流平台，与国际一

流大学建立对接，为学生开辟出国留学与游学的便捷通道，开展多层次、宽领域的教育交流与合作，致力于培养具有国际视野和世界胸怀、通晓国际规则、能够参与国际事务和国际竞争的国际化人才。

海沧区近年来在特色课程教育上取得了不错的成绩，在地方戏曲、足球等体育项目上取得了很好的成绩。同时，2019年海沧实验中学多名学生获得海外升学的机会。这表明海沧区对学生的培养很是重视。

2. 基金会教育资金的产出分析

基金会教育资金的产出主要指所投资的教育项目及活动产生的效果和影响，这种影响可能是立竿见影的，也可能是潜移默化的。本研究所分析的厦门市海沧区教育基金会的教育资金产出主要指通过资助教育活动及项目获得的，在人力资本发展和社会发展等非经济层面所产生的直接和间接的影响结果。

少年儿童的成长和发展离不开家庭教育、学校教育和社会教育（课外教育）三方面的影响，家庭教育是少年儿童成长的基础，学校教育是少年儿童生长的关键，社会教育是少年儿童发展的依托，三者环环相扣，缺一不可。家庭教育通过家长实施的有意识、有目的的教育实践活动，引导孩子学习如何做人、做事。家庭教育的教育内容最为基础，也最为广泛，它对于人的教育涵盖最基本的生活本领、社会交往、文化知识等，父母将自己的人生经验和知识技能教给孩子并且帮助其养成正确的世界观、人生观和价值观。学校教育是教育的主体部分，少年儿童在学校能够接受系统、专业的教育和培养，会促进德智体美劳各方面得到发展。作为专业教育机构，学校按照国家培养人才的相关规定，有目的、有计划、有组织地对学生进行素质教育，为学生提供良好的教学环境、教学设施，促使学生奋发向上、努力拼搏。社会教育（课外教育）主要指在学校课程计划外，利用课余时间，对于学生实施的开放性实践教学。社会教育对家庭教育和学校教育是不可缺少的补充，起着重要的辅助作用和制约作用[1]。

海沧区教育基金会自成立以来，对学校教育、家庭教育和社会教育（课外教育）进行资助，具体的资助项目分布情况见图3-17。

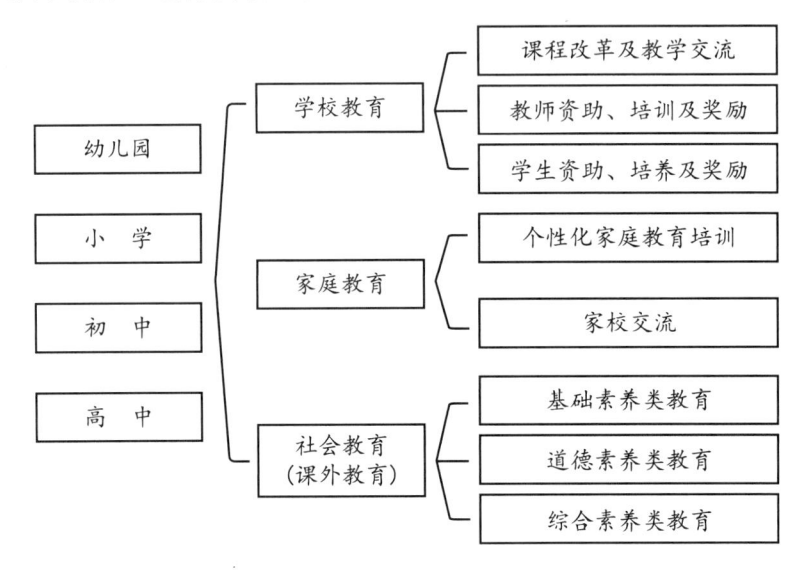

图3-17 海沧区教育基金会资助项目分布图

下面分别对学校教育、家庭教育和社会教育三个层面所产生的教育效果进行具体分析。

（1）学校教育资金产出分析

海沧区教育基金会用于学校教育的资金主要分布在"课程改革及教学交流""教师资助、培训及奖励""学生资助、培养及奖励"三个方面，具体资助项目见表3-10。

在课程改革及教学交流方面，基金会资助优秀教师到中国台湾进

---

[1] 王冬桦，王非. 社会教育学概论[M]. 北京：教育科学出版社，1992：61.

行教学改革交流，资助骨干校长赴英国参加高级研修班，学习中国台湾和英国的教学和管理经验。教师们通过观摩教学、互动教研、交流探讨的方式分别就语文、数学、音乐、体育、美术等学科分享各自的教育理念，改进教学模式，取长补短，共同进步。在交流学习过程中，学习台湾教师教学的个性化、多样化风格，台湾当地学校根据地方特色、地方产业制定的校本课纲也给海沧区教师带来新启示。海沧区教育的课程改革朝着尊重多元教育价值、开放包容的方向前进。

基金会还扶持民乐团、舞蹈团开展对外交流、展示和比赛，不仅培养了青少年的文艺才能，而且使海沧区在艺术领域形成合力和品牌。文明因交流而多彩，文明因互鉴而丰富。民乐团、舞蹈团多次受邀开展对外文化交流活动，取得了丰硕成果，在社会上具有一定影响力。基金会资助"阅读地平线"计划改革语文阅读课程，通过读书会和微讲座等形式进行课程设计研讨活动，进而开展开放式、互动式教学，引导学生自主阅读。这一过程中，基金会协助27所小学进行书香校园建设，陪伴700多名小学语文教师成长，该计划惠及了32500多名学生。另外，基金会还资助开展基于文化传承的规范汉字书写水平提升项目，到目前为止，海沧区各校积极落实，教师将书写与课堂融合，创新教学模式。

在教师资助、培训及奖励方面，基金会出资帮助教师进行相应的课程改革交流、教学交流、基础教学能力培训、专业技能培训及"练兵"活动，并奖励成绩突出、教学优秀以及科研能力突出的教师。这些项目与活动促使海沧区的教师转变教育观念、教学方式，提高了他们的专业技能、研究能力和自主发展能力，有助于教师的专业化发展。在课程改革及技能训练中，教师由被动的执行者转变为主动的引导者、研究者和创造者，教师的教学组织能力、教学创新能力、课程开发能力、组织差异教学能力、设计开放性作业能力、交往沟通能力、评价学生学习能力和促使学生自我发展等能力在教学实践中取得突破性进步。

海沧区教师针对教育改革发展中的现实问题提出政策建议，对现有校本课程进行改进完善，在推动教育改革和提高教育质量方面取得明显实效，在课题研究中提升自己的专业技能和研究能力。基金会相关资助项目还促使海沧区教师确立终身学习的意识和自主发展的能力，进一步促进教师的专业化发展。

在学生资助、培养及奖励方面，基金会对贫困生、特殊儿童以及弱势群体子女进行帮扶，保证他们能正常接受教育。在学生培养上，基金会资助语文阅读、汉字书写、书法交流等项目，以提高学生的品德素养、审美素养、艺术素养等，并且促使学生学习方式的转变——乐于探究、勤于动手、善于思考，养成自主学习、交流合作、分析解决问题的能力。学生在快乐中成长，在学习中进步，成为有理想、有道德、有文化、有纪律的人才。

基金会为中高考成绩优秀的学生、职业学校的"工匠型"学生、被国际名校录取的精英学子提供奖学金，这不仅对获得奖学金的学生的成长成才有益，而且对所有学子产生助力和激励作用。近年来，海沧区高考本科上线人数逐年增加，2019年上线人数为818人，国外名校录取人数达23人，这些学生分别被曼彻斯特大学、多伦多大学、墨尔本大学、埃默里大学、都柏林大学等名校录取，成绩斐然。

表3-10　海沧区教育基金会的学校教育资助项目情况

资助内容	具体类别	资助项目
课程改革及教学交流	课程改革教学交流	1. 资助教师赴台开展书法艺术交流 2. 资助优秀教师赴台开展驻校教育交流 3. 资助骨干教师赴台开展课堂教学改革交流 4. 资助骨干校长赴英参加高级研修班 5. 推进"阅读地平线"计划，引进专业儿童阅读课程 6. 开展"基于文化传承的师生规范汉字书写水平提升的实践研究"项目并进行教学指导 7. 扶持民乐团、舞蹈团开展对外交流、展示和比赛
教师资助、培训及奖励	教师资助	1. 资助教师赴台开展书法艺术交流 2. 资助优秀教师赴台开展驻校教育交流 3. 资助骨干教师赴台开展课堂教学改革交流 4. 资助骨干校长赴英参加高级研修班
教师资助、培训及奖励	教师培训	1. 开展儿童阅读种子教师培养 2. 开展规范汉字书写水平的教师培训 3. 开展岗位"练兵"活动，提升岗位技能和教学水平
教师资助、培训及奖励	教师奖励	1. 奖励"教学质量贡献奖"获奖教师、省市教师教学技能大赛获奖教师、区自主培养正高级职称教师、省特级教师等 2. 奖励中高考成绩优异的班级的优秀教师 3. 奖励"工匠型"教师 4. 对教育科研优秀成果予以资助

续表

资助内容	具体类别	资助项目
学生资助、培养及奖励	学生资助	1. 帮扶家庭经济困难学生 2. 帮助特殊教育学生 3. 为弱势群体子女提供免费艺术特长培训 4. 资助学生赴台开展书法艺术交流
	学生培养	1. 推进改革语文阅读计划，提高小学生阅读能力 2. 开展规范汉字书写水平的提升培训，提升学生汉字书写水平 3. 促进青少年文艺团队发展，培养青少年文艺骨干
	学生奖励	1. 奖励中高考成绩优秀的学生 2. 奖励"工匠型"学生 3. 为区域内精英学子就读国际名校提供奖学金

（2）家庭教育资金产出分析

海沧区教育基金会用于家庭教育的资金主要分布在个性化家庭教育培训和家校交流两个方面。基金会资助推广"幸福路"家庭教育线上平台，为当地家长提供家庭教育普及知识、个性发展问题咨询、教育问题课程解答等，构建起科学的家长学习体系，改进家长教育理念，大大提高家庭教育指导者的专业素养和实践能力，为科学开展家庭教育活动打下良好基础。"阅读地平线"计划、"幸福路"家庭教育线上平台等项目丰富了家校交流、亲子互动的渠道和内容，让家长参与到孩子的学习成长过程中，增加家长对孩子学习、生活情况的了解，效果颇丰。在基金会的资助下，家庭教育与学校教育形成合力，共同育人。

（3）课外教育资金产出分析

课外教育（社会教育）是在学校课程计划外，利用课余时间，对学生实施的开放性实践教学。为了丰富各校学生的实践经验和课外生活，基金会资助开展了"蓝叶书屋"公益阅读、"四点钟学校"、学生刊物出版、流动青少年宫进校园等项目，为学生提供阅读、花艺、手工串珠、国学、科学普及等课程，同时还资助开展"雷锋精神"主题教育活动，提升学生的身体素质、心理素质、智能素质、品德素质、劳动素质、审美素质等综合素质，并且提高其动手和实践能力。基金会还资助"小学毕业班'去远方'研学活动"的专项培训，通过这种专家讲解、学生实践的新形式，促使学生拓宽视野、丰富知识，将学习与实践结合，感受自然之美、文化之美，且研学活动采用集体生活的方式，大大提升了学生的自理能力、实践能力和创新意识，最终实现学生身体和心灵的共同成长。具体资助项目见表 3-11。

表 3-11　海沧区教育基金会的课外教育资助项目情况

资助内容	资助项目
基础素养类	"蓝叶书屋"公益阅读
德育素养类	"雷锋精神"主题教育活动
综合素养类	资助学生刊物出版
	社区书院、"四点钟学校"
	流动青少年宫进校园公益行动
	"小学毕业班'去远方'研学活动"专项培训

自改革开放以来，党和国家始终把提高全民族的素质作为关系社会主义现代化建设全局的一项根本任务。素质教育是一种根据学生的

发展需求和社会的实际需要，以全面提高学生的基本素质为根本目的，以尊重学生主体性和能动性、注重开发人的智慧潜能、形成人的健全个性为根本特征的教育。[1]自成立以来，海沧区教育基金会在提高全区学生的综合素质方面资助了多个项目，做出了极大的努力。这些项目的教育发展所带来的"辐射效应"对于实现学生个人发展目标、促进教师专业化成长、满足社会发展需求以及为国家发展提供高质量人才具有重要作用。

四、影响教育资金投入及产出的因素分析

1. 影响财政性教育资金投入及产出的因素分析

从宏观角度来看，区域的人口和经济是影响教育资金投入的重要因素。

（1）人口因素

户籍政策、房地产政策会影响人口数量和人口结构，入学政策会影响学龄儿童数量，从而影响教育资金的投入。

厦门市户籍政策基本执行2010年的户籍管理规定，十多年来户籍政策有小的变动，但大致没变。

从户籍政策可以看出厦门市对发展较快的思明区、湖里区人口严格控制，对发展较落后地区的户籍管理较松，鼓励落户海沧区。十年间，海沧区的人口数量从2009年的28.87万人迅速增加到41.6万，

---

[1] 艾瑞咨询.2020年中国素质教育行业白皮书[R/OL].[2020-06-11].https://www.iresearch.com.cn/Detail/report?id=3547&isfree=0.

导致适龄学生数量上升，从而需要投入更多教育资源。

海沧区房价与湖里区、思明区相比较低，岛内的高房价使得人口不断往岛外扩散，这也是导致海沧区人口不断增长的原因之一。

(2) 经济因素

教育资金投入主要来源于市级财政和区级财政，因此，对税收的依赖性很强。市级财政和区级财政的收入总量对区级教育的投入有比较大的影响。其中，全市 GDP 总量会对教育附加费的投入造成较大的影响。近年来，厦门市 GDP 呈现较快增长趋势，因此教育附加费增长较快。

相对来说，最近几年海沧区的 GDP 增长放缓，这对教育资金的增长产生了较大的财政压力。因此，虽然近年来海沧区的教育资金投入占区 GDP 或财政收入的比例在逐步增加，但最终的结果是教育资金的总投入未呈现快速增长趋势。

2. 影响基金会教育资金投入和产出的因素分析

(1) 影响基金会教育资金投入的因素分析

①筹资能力

基金会的筹资能力是指其筹集资金的能力，这是保障基金会正常运作的前提条件，是基金会的生存之本。资金筹集是基于组织的宗旨和目标，向政府、企业、社会大众或基金会等，发动筹集资金、物资或劳务的过程。[1] 基金会基于自身宗旨及其公益目的，通过多种方式向政府、企业、社会筹集资金，并用于实现其公益事业发展及自身发展需求，在这一进程中所表现出来的能力，即基金会的筹资能力。本研究通过基金会的捐赠收入比例、非限定性收入比例两方面衡量厦门

---

[1] 王名. 非营利组织管理概论 [M]. 北京：中国人民大学出版社，2010：232-233.

市海沧区教育基金会的筹资能力。

a. 捐赠收入及比例

捐赠收入比例是捐赠收入与基金会的年收入总额之比，用来考量基金会对捐赠收入的依赖程度，捐赠收入越高则说明基金会的筹资能力越强。

根据表3-12，可计算出2017年厦门市海沧区教育基金会的总收入为2097万元。其中，组织海沧区龙头企业募捐的收入以及公开向社会募捐的收入共有2046万元，占当年总收入的97.57%。2018年，海沧区教育基金会的总收入通过计算为2963万元。其中，组织海沧区龙头企业募捐的收入以及公开向社会募捐的收入共有2949万元，占当年总收入的99.53%。结合两年的数据可以看出海沧区教育基金会的收入主要来源于区域内企业及社会各界的募捐，即捐赠收入。也就是说在海沧区教育基金会的收入格局中，捐赠收入占据绝对主导地位。基金会依靠公益项目这样的产品获得社会的捐赠，主要依靠捐赠来进行项目运作。同时，也说明基金会的筹资能力越来越强。

表3-12 厦门市海沧区教育基金会捐赠收入情况

年份	捐赠收入金额（元）	捐赠收入比例（%）
2017	20460555	97.57
2018	29492608	99.53

b. 非限定性收入及比例

中华人民共和国财政部制定发布的《民间非营利组织会计制度》第六十条规定："民间非营利组织对于各项收入应当按是否存在限定区分为非限定性收入和限定性收入进行核算。如果资产提供者对资产的使用设置了时间限制或者（和）用途限制，则所确认的相关收入为限定性收入；除此之外的其他收入，为非限定性收入。"基金会的非限定性收入比例越高，说明其拥有越多的能动性。

非限定性收入比例是本年非限定性收入总额与基金会年收入总额之比，能够反映基金会现有收入中的自主资金比例，能较为准确地衡量基金会的筹资能力。在表 3-13 中可以看出，2018 年其非限定性收入比例较 2017 年下降，且下降幅度较大，说明教育基金会对其收入的自主性受限。

表 3-13 厦门市海沧区教育基金会非限定收入情况

年份	非限定收入金额（元）	非限定收入比例（%）
2017	20474299	97.62
2018	10593569	35.75

综上所述，海沧区教育基金会的筹资能力较强，基金会收入大多数来源于捐赠收入。由于基金会处于发展初期，还未有效利用基金会资产进行投资保值升值，资产管理能力有待提高。另外，可以看出基金会的非限定收入比例大幅度下降，基金会的自主性、主动性有待增强。

②运营能力

运营能力是指运营过程中的资产利用效率和效益，基金会的运营能力体现在其工作效率和资金利用效率上。基金会在运营中的效率直接影响到其是否能够高效筹集资金和有效配置使用资金，如果不能，将影响自身发展和社会进步。本研究主要从年度收支比、公益支出占总支出比例、管理费用占总支出比例三个方面对海沧区教育基金会的运营能力进行分析。

a. 年度收支比

年度收支比是指基金会年度总收入与年度总支出的比例，能够体现基金会的运营能力。当基金会能够将当年获得的资金在短时间内配置使用，实现年度收支比的平衡状态，说明基金会的运营能力较好。而年度收支比越趋于平衡，则基金会的运营能力越好。由表3-14可知，2017、2018两年海沧区教育基金会的年度收支比均值起伏较大，主要原因是海沧区教育基金会还处于发展的初期，2017年刚刚成立，尚未形成较为成熟的支出体系，2018年逐渐步入稳步发展阶段，年度总支出快速增长，导致年度收支比下降幅度较大。总体来看，海沧区教育基金会的运营能力正在逐步提升。

表 3-14 厦门市海沧区教育基金会年度收支情况

年份	年度总收入（元）	年度总支出（元）	年度收支比（%）
2017	20974299	1641297	1277.91
2018	29631177	7992908	370.7184

b. 公益支出占总支出比例

基金会的公益支出与当年总支出之比能够体现教育基金会在不偏离公益使命的前提下的资金利用效率。根据表3-15所示，2018年海沧区教育基金会的公益支出占总支出比例较2017年有所上升，且两年均在95%上下，说明教育基金会的大部分支出都花费于公益事业上，同时资金利用效率也有所提高。

表 3-15 厦门市海沧区教育基金会公益支出占总支出情况

年份	公益支出（元）	年度总支出（元）	公益支出占总支出比例(%)
2017	1543489	1641297	94.04
2018	7696693	7992908	96.29

c. 管理费用占总支出比例

基金会的管理费用主要是指用于基金会工作人员的工资福利和日

常的行政办公活动所支出的费用。基金会的管理费用占年度总支出的比例能够体现基金会依法有效地控制管理费用的程度，同时也体现公益资金的使用效率。当基金会的管理费用维持在一个适度的范围时，能够保证基金会项目的良好运作，也能够提高公益资金的使用效率。从表3-16可以看出，2017年海沧区教育基金会的管理费用占总支出比例为4.73%，2018年该指标有所下降，为3.70%，这说明基金会公益资金的使用效率有所提升，运营能力也在稳步提高。

表3-16 厦门市海沧区教育基金会管理费用占总支出情况

年份	管理费用（元）	年度总支出（元）	管理费用占总支出比例(%)
2017	77632	1641297	4.73
2018	296045	7992908	3.70

综合上述分析，海沧区教育基金会的运营能力正在稳步提升，年度收支比正逐步趋于平衡，公益支出占总支出比例有所上升，管理费用占总支出比重有所下降。总体来看，基金会的发展态势良好。

(2) 影响基金会教育资金产出效益的因素分析

项目数量及项目类型是影响基金会教育资金产出效益的重点分析因素。目前，海沧区基金会的资助项目类型有限，数量也较少。而基金会资助的项目越丰富，对学校和学生产生的吸引力会越大，同时也会产生更大的社会影响力，带动更多的企业和个人进行捐赠。在管理成本增加不多的情况下，可以更好地实现经济效益和社会效益。因此，未来基金会应考虑如何扩展项目类型，扩大项目数量。具体可以从以下几个方面来考量：

①已有项目的运行能力

基金会资助的集体项目的管理过程的科学性，包括资助对象的选择及项目的过程管理与监测，以及项目验收的后续发展等。科学的管理可以增加参与者对基金会项目及基金会的信任，提高其参与的积极性，激励集体在竞争机制下更加高质量地完成项目，同时产生更大、更好的社会效应。

②已有个人资助类项目的选拔制度的科学性

个人类项目的资助也备受社会关注。资助对象的选拔程序的公平性、公开性和公正性，会影响个人参与者对基金会的信任程度。个人参与者的印象随后会在社会中蔓延，会影响个人对未来基金会的项目的参与积极性。

第四章　区域教育资金管理使用的现状

通过大量的实地调研走访所搜集的信息和数据，以海沧区教育资金的管理和使用现状为例，作者对区域教育资金管理使用现状和各类学校教育的资金管理使用现状分别进行总结分析。

一、海沧区教育资金管理使用的整体状况

在一段时间的走访调研的基础上，作者对海沧区教育资金的使用的整体概况总结如下：

1.各类学校教育基础设施上的投资效果显著

通过调研海沧区的幼儿园、中小学、职业院校和特殊教育学校的校园环境，发现大部分学校的硬件设施配备全面。在走访过程中，基本不存在学校缺少关键基础设施的情况。各校的校长均表示，目前学

校的基础设施基本能满足教学需求，部分新建学校设施相对更先进完备，能够更好地支持教学工作，帮助开展很多特色项目，有助于教学质量的提高。

2. 教育经费整体上能够满足课本课程所需

调研中发现拨付给各学校的公用经费和专项经费能够满足课本课程所需。在 2013—2015 年，资金充裕，特色教育得到了较好的发展，随着近年来经费收缩，特色教育所需的资金有所压缩，但课本课程的经费较为充裕。访谈显示，各学校的课本课程受到相当程度的重视，在精心规划经费使用的前提下，课本课程所需经费能够得到保障。

3. 教师收入稳定，教师队伍逐年壮大，教师素质逐渐提升

各学校的调研反映，海沧区基础教育阶段的教师收入水平较高且比较稳定，近年来教师队伍不断壮大，并且随着高学历、高素质的新教师的加入，各学校的教师队伍整体素质呈提升趋势。区域内教师待遇较好，激励充分，工作动力强。随着区里持续加大教育资金投入与学校数量增加，教师数量也不断增加。与此同时，海沧区教育水平的提高对教师素质提出了更高的要求，反过来也促进了教师自身水平的不断提高。

4. 教育资金支持下村级学校转型基本完成

此前，海沧区村级小学十分普遍，这些小学的资金有限，基础设施不齐全，师资力量不足，条件非常窘迫。在这样的环境下，学校教育难以满足学生需求，也无法适应现代化社会对教育提出的要求。

在城镇化的大趋势下，海沧区所辖的村级小学陆续实现了改制。多所质量、层次不一的学校合并为软硬件齐备的花园式学校，并在海沧区教育局、各学校校长和教师的共同努力下向着更美好的方向发展。

5. 实施总额包干制的学校编制外教师待遇好，工作积极性较高

此前，由于编制外教师与编制内教师的工资福利等待遇差别较大，难以招聘到符合条件的编制外教师来协助教学工作。对编制外教师的激励不足，编制外教师难以全身心投入工作，不利于教师队伍的管理与提升。

目前海沧区有10%左右的学校实施了总额包干制。在这些学校中，虽然编制外教师与编制内教师的"身份"不同，但薪酬待遇上基本实现了对等。调研发现，两类教师的工作积极性都比较高，编制外教师也乐于投入工作，有动力和热情不断提升自己的工作水平和工作质量。由于工作热情高，很多编制外教师计划边工作边准备教招考试，以期通过考试转换身份。

6. 与国企合作办学减轻财政负担且取得良好办学效果

海沧区在学前教育领域进行了国企办学的尝试，由当地大型国有企业城建集团开办了阳光、孚莲两所幼儿园。实地调研发现，两所幼儿园的基础设施完备，教师队伍水平较高，管理制度完善，目前运转顺利。虽然有一些体制和机制需要进一步理顺，但两所幼儿园受到了周围居民的高度认可，来给自家孩子报名的家长络绎不绝，居民们表示希望能有更充足的园区学位以供本区幼儿上学。

7. 职业教育资金充裕，来源多样，基本全覆盖

目前海沧区仅有一所职业中学，有固定比例的财政资金作为经费主要来源，也接受社会各界的资金支持。该校享受了资金的倾斜性待遇，同时学生数量相对不多，开支有限，因此职业教育领域的资金较为宽裕，基本对教学和科研等领域实现了全覆盖。调查表明，海沧区

职业学校基本不存在资金担忧,也不必像其他学校一样因政策变化而减少开支、削减特色项目。

8.现有资金支撑起特殊教育的学校整体架构建设

对特殊教育学校的走访调研发现,了解到特殊学校的整体性硬件建设基本完成,各项规章制度基本构建完毕。学校根据特殊教育的情况对教学区域进行了合理划分,各类学生的教师配备也比较充分合理,学前教育和小学低年级教育已经逐步展开。学校开展了全方位的课程设计,并且聘请专家团队为学校日常决策和教学设计及改进做指导,以保证学生德智体美劳全面发展。

学校依据学生各自情况设立了适合他们的发展目标,后期将着重在课程设置、教学方法等方面继续探索。

二、海沧区幼儿园教育资金使用现状

1.教育经费基本满足园本课程所需

海沧区幼儿园的教育经费主要来源是海沧区教育局的专项经费和生均经费,以海沧区教育基金会、街道资助为辅。专项经费主要包括基础设施专项经费、安全保障专项经费、校园文化建设经费等,有其规定的用途。生均经费是各园区可以自主使用分配的经费,主要用于园本课程的建设、教师培训等,目前生均经费基本能够覆盖各园区园本课程的需要。海沧区积极落实上级政策,近年来对于学前教育给予持续支持,以2013—2018年的数据为例,学前教育资金投入总体上呈现明显上升趋势,由2013年的3632.54万元上升为2018年的 23114.77 万元。而学前教育财政投入占全区 GDP 的比例由 2013 年的 0.09% 上升为 2018 年的 0.34%，其间 2017 年虽然稍有下降，但在 2018 年达到了六年的最高值。

2. 基础设施经费充足，投资效果显著

海沧区各幼儿园基础设施建设较为完善，园区环境优美，硬件设施充足，办学条件优越，投资效果显著。各园区为幼儿配备户外综合活动区域，如跑道、沙地、多功能滑梯等区域，为幼儿创设舒适的学习环境。另外，各园区在室内均按需设置了艺术区、科学区、手工区、数学区等幼儿特色活动区域，以及阅读室、艺术家乐园等多功能活动室，并购置钢琴、玩具、图书等教学物品，通过各种综合性课程促进幼儿的检索能力、想象能力、动手能力等全方位发展。在园区安保方面，各幼儿园的门房监视器、消防灭火器等设施完备，园区安保工作到位，为幼儿的健康安全成长保驾护航。在幼儿保健方面，各园区配备饮水机、冰箱、消毒柜、必备炊具餐具等，保障幼儿的饮食安全。

3. 特色课程专项经费使用效果显著

特色课程专项经费包括足球特色学校经费、闽南特色学校经费、实证课题经费等，用以帮助各幼儿园发展自身特色课程、购买教学设备、改善办园环境、邀请专家指导、邀请特色教师入园授课等。经调查，各园区的特色课程专项经费使用效果显著，幼儿和教师均得到培养，幼儿的学习效果好，教师的积极性和获得感提高，园长及教师满意度较高。

4. 大部分编外教师工作积极性高，幸福感强

目前，海沧区公办幼儿园的编外教师工资高，人才队伍稳定。受

园区良好的文化氛围影响，编外教师乐于接受严要求和新挑战，幸福感和获得感强。大多数编外教师与编内教师同工同酬，工作优秀者也有机会进入管理岗，实现人生价值，因而对人才的吸引力较大，人才集聚效应明显。编外教师工作积极性高涨，从而形成良性发展的态势，促进了各园区的积极稳健发展。

5. 教师培训项目丰富，覆盖面广，效果好

当前海沧区教师进修学校组织的教师培训项目类型丰富，覆盖面广，赢得教师一致好评。培训项目包括新教师培训、骨干教师培训、园长领导力培训、后备干部培训等，通过专家指导考核、与高校合作等形式，提升教师的专业能力和个人素质，在促进教师个人成长的同时也提高了整体教学质量，为幼儿综合能力的提升奠定良好的基础。2019年，海沧区教师进修学校在北京、上海等地组织了13个教师培训班，1315位教职人员参加了培训；海沧区新入职的203位教师在新学期开学前接受了岗前培训，开学便正式投入教学工作。海沧区还组建了7个异地名师工作室，引入各学科领域顶级名师，为区域内教师树立新的标杆，创新教师的成长模式。

6. 国有企业幼儿园公信力强，办学效果好

目前，海沧区共有两所国有企业幼儿园，皆由海沧区教育局委托海沧区城建集团运营。城建集团教育公司与幼儿园，为母公司与子公司的关系，幼儿园由城建集团直接管理。幼儿园按照公办园的要求建设，幼儿收费标准及教育服务与公办园一致，吸引了众多家长关注。另外，由于国企本身的公信力和先进的教学理念，越来越多的适龄儿童争先想到两所幼儿园就读。

三、海沧区中小学教育资金使用现状

1. 区域内中小学教育蓬勃发展，呈上升态势

近年来，海沧区政府对教育的重视程度提高，越来越多地将资金向教育倾斜，中小学教育随之蓬勃发展。2013年海沧区小学教育财政投入为16234.02万元，到2019年增长为55666.46万元，翻了3倍有余。随着2006年义务教育经费保障新机制的实施，中等教育财政投入力度也在逐步加大。区域内中小学整体规模扩大，生源增加，师资力量提升，基础设施日趋完善。同时，新建了很多设备先进、管理有效的学校，很多原本教学质量较低的村级小学通过合并、改制等措施焕发了新精神。各中小学校有明确的发展规划，有长期追求的目标与志愿，领导层对于学校的课程建设、特色发展和教师队伍培训都有具体可行的计划。

2. 生均经费使用能够满足日常所需，学校开拓资金来源满足特殊课程需要

各学校的经费构成基本分为两部分。一是生均经费，即按照学生人数由财政拨付的经费。生均经费覆盖了防疫物资、日常运营、教学物品等学校大部分开销。二是专项经费，用于支持学校开展特色项目等。

各学校的教育资金主要来源是财政，来自社会、企业、个人等渠道的资金支持较少。2020年财政资金紧张，分拨给各学校的资金较往年有所减少，很多专项经费被取消。但各学校均对资金使用进行了精细规划，因此基本能维持学校的日常运营，并且会有来自街道和区级的部分资助。

3. 各学校教师队伍稳定，教师培训机会较多

编制内教师的招聘由教育局负责，各学校无调整编制的权限。编制外教师招聘基于各学校的需求，数量不定。教师的培训包括"引进来"和"走出去"两部分，主体内容包括教育局主导开办的教师进修学校，各学校自主组织的培训讲座等。教师培训经费基本由财政资金覆盖，如遇特殊情况，各学校可从生均经费中补贴教师培训。总体而言，教师培训资金基本能够得到保障。

4. 学生补助、奖助学金等项目，均有良好的制度保障

尽管近年来因政策变动削减了各学校的一些专项经费，但学生补助、奖助学金等重要项目仍然得到了制度保障。各学校都有资助中心的专项支持，或者有特地设立的奖助学金资助专项，因此各学校的奖助学金项目都正常运行。有些学校还自创了一些爱心捐助、爱心演出等活动为困难学生和家庭提供帮助。

5. 部分学校尽自己所能开展家长学校

多所学校领导和教师注意到家长在学生成长中的重要性，认为应当充分发挥家长对自己的孩子的教育作用。然而，并不是所有家长都能意识到自己的影响力，也不是所有家长都具备给予自己的孩子良好影响的素质。因此，多所学校挤出部分经费举办家长学校等活动，还有一些学校会走进社区进行教育宣传，提高家长对教育重要性的认识，更新家长的教育观念。

四、海沧区职业教育资金使用现状

1. 学校总体资金比较宽松

学校总体资金主要由基本开支经费与专项经费组成。活动基本由生均经费覆盖，因此活动经费较为充裕，不需要其他方面的资金进行辅助。专项资金较为充裕，且申请难度不大。基本开支经费与专项资金均来自教育局，几乎没有得到海沧区教育基金会的资金资助。2019年，海沧区财政核拨经费6021.78万元，其中免学费补助经费716.56万元，国家助学金32万元，生均拨款公用经费459.28万元，项目经费投入3042.75万元，较好地保障了学校办学，为学校持续发展提供了财力支撑。

在学校基础设施建设方面，以海沧区职业中专学校为例，学校在基础设施建设上主要从专项经费中支出，校舍每年预计花费100万以上，2020年书籍支出40万，绿化每年会持续投入20万。该部分资金较为充裕。学校还设立了周二兴趣小组及相关的社团与文体活动，此部分经费也由生均资金支出。

2. 教师培训经费较为宽裕

教师的培训主要包括公共课程、教师素养培训和专业课程培训三部分，主要的培训课程由当地教师进修学校提供，需要学校自行负担的部分较少。调查表明，当前各学校的培训费用较为充裕，能基本满足优质讲座"引进来"与教师交流"走出去"的需要。2019年，区域内学校持续为教师成长搭建多种平台，开展进高校培训、下企业跟岗、赴台交流等活动，提升了师资队伍的整体素质。

3.教师奖励覆盖率较高,起到了一定的激励作用

关于学校教师奖励,单年度以个人评奖为主,双年度以综合度表彰为主,市级与区级的教师奖励只有表扬奖励,没有相关的奖金。校内会设立相关的奖教项目,可以覆盖到30%的教师。教师奖励资金较为充裕,将专门的奖励绩效资金用于奖教,能够对教师起到较好的激励作用。

4.专家引智活动资金充裕,引智活动较丰富

以海沧区唯一的职业学校为例,该学校有固定的专家引智项目,请过不同高校的教学主任等。此外还会举办相关的主题讲座活动,如邀请妇幼保健院教授进行女生青春期主题教育讲座。一般该部分资金从生均经费支出,每年花费约10万—20万元,资金相对充裕。在此基础上,学校期望能开办更多更丰富的引智活动,并且进一步扩大活动规模,完善活动流程与制度。

5.建立了覆盖率较高的学生奖学金制度

近年来,各学校的学生奖学金制度不断完善,评选标准日益合理,评选流程不断优化,奖学金的覆盖率也有所提高。海沧区各个学校每学期都严格按照程序开展评选工作。调查显示,奖学金评选比例达学生数的50%左右,2019年发放奖学金总额超21.29万元。

6.生源质量不断提升

作者通过拜访海沧区职业中专学校的财务处教师与德育处主任,对该校的资金使用状况进行了解。访谈结果显示,2019年,该校办学规模稳定,教育水平不断提高,师资队伍日益完善,生源质量持续提

升，共招收新生 1120 人。全日制在校生规模 2875 人，78 个教学班，其中机械科 12 个班、机电科 19 个班、信息物流科 28 个班、旅游科 19 个班。

7. 教师队伍数量充足，结构合理

以海沧区职业中专学校为例，截至 2019 年 9 月，在校教职工总数 235 人（编制内 224 人），其中，专任教师 195 人，专业教师 105 人，聘任企业兼职教师 22 人，"双师型"教师队伍日益扩大，"专兼职"教师队伍配置日趋合理。截至 2019 年 9 月，学校专任教师（含编外教师）中具备中级职称及以上 94 人，占全校教师的 48.2%，其中高级讲师 30 人，讲师 64 人。截至 2019 年 9 月，学校教师（含编外教师）本科及本科以上学历者 185 人，占专任教师总数的 94.8%，同比增长 2.2%；硕士学历占专任教师总数 7.7%，同比增长 2.1%。学校发展的重点领域为"电商—物流"专业群。

五、海沧区特殊教育资金使用现状

1. 经费来源多元化，教育经费整体较为充裕

海沧区晨昕学校是一所规划学前教育、九年义务教育、职业技术教育的十五年一贯制学校，集全日制学校教育、特殊教育资源与指导中心、随班就读指导中心、孤独症儿童早期干预中心、特殊教育职业教育基地等综合职能。

学校总体的资金较为充裕，区教育局也有给该校拨生均经费和专项经费。2013 年，学校所在街道办事处与区教育局签订了战略合作

协议，该街道办历来重视学校教育，也对学校有资助。资金主要用于采购六一儿童节学生礼物，支持特色建设、校园文化建设，支持规模小的困难学校，学区化管理、专家进校等方面。其他的社会企业捐助不多。

2.区域教育基金会的资助促进了学校的发展

海沧区教育基金会自成立以来，设立了专项募捐项目，旨在引导全社会关注帮扶特殊儿童，推动海沧区特殊教育的不断发展，公开从社会募集而来的资金将专门用于帮扶特殊教育学生。在学生补助方面，学校有针对学生的生活补助和午餐补助。此外，是对教师进行补助与奖励，学校也为教师提供食堂补助，标准是8元/天。

晨昕学校发展有五个定位：第一，让孩子回归家庭，能够自理；第二，能够服务家人；第三，实现支持性就业，并为此引进了手工制作与烘焙等培训课程；第四，推动学生自主就业，鼓励更多的爱心企业提供就业机会；第五，鼓励学生自主创业，如开洗车场、进行农业种植等。

晨昕学校以促进融合、共赏，实现学生健康、快乐成长为出发点，充分考虑学生的知识学习、身心发展特点，打造安全、舒适、温馨的校园育人环境，为学生的身心康复和多样化活动提供良好条件。学校根据融合教育、康教结合、按需施教的理念，探索教育、康复、职业教育一体化的办学模式，努力构建适合特殊儿童少年发展的教育体系，努力成为海沧区和谐发展的窗口。

3.学校接受企业捐赠

目前海沧区晨昕学校接受部分企业捐赠物品开办学校自营超市，

用于培养学生的上进心和劳动热情。调研发现，一些大型企业对特殊教育具有强烈的社会责任感，愿意为学校的建设捐款捐物，未来可以探讨多种形式捐赠制度的建立，打开捐赠渠道，实现企业和特殊教育双赢的局面。

第五章　区域教育资金投入分配及管理使用中存在的问题

一、区域教育发展中存在的问题

随着"十四五"阶段的到来，教育的目标从"有学上"转变为"上好学"。这意味着教育的硬件条件和软件条件需要同时提升，但以海沧区为例，从教育产出指标来看，还面临以下的问题：

1. 学校密度有待提高，学校布局有待优化

从教育资源的地理分布来看，虽然海沧区人均学校数量已经比较高，但有些区域的学校密度仍然较低，与教育强区思明区和湖里区的水平差距较大。而且很多学生所在学校离家较远，交通不便，随之带来家庭教育成本的增加和学生时间的消耗，未来新建学校时应充分考

虑区域的社区分布、人口分布及未来城市发展规划，实现学校布局的进一步优化。

2. 办学条件有待进一步改善

2009—2019年间，生均占地面积出现小幅度的下降，生均建筑面积在十年里只增加了不到1平方米。

受制于学校的教室数量和教师数量，除学前教育外的中小学的平均班额仍然较高，很多学校的功能教室不得不临时充当教室，影响了特色课程的开展，离"上好学"还有一定差距。

由于财政划拨的经费受限，许多"发展难"学校和"发展中"学校都面临校舍少、校舍老的困扰，许多原本计划用于学生发展的活动场地如体育馆、篮球场、图书馆等，或久未建成，或改为他用，限制了学生兴趣的发展和爱好的培养。

3. 教师队伍的数量和结构不能满足教学需要

从生师比数据来看，目前仅幼儿园的生师比下降到10以下且低于全国平均水平。其他阶段的学校生师比都高于全国平均水平。作者通过比较不同阶段的生师比数据发现，小学的生师比最高，2018年达到18.42∶1。而2017年北京的小学生师比为13.3∶1。这些都表明当前海沧区的教师数量还不能满足需求，且各类学校的教师构成结构与学生发展需要不完全匹配。

二、区域教育资金投入分配中存在的问题

1. 教育资金投入总量在不同区域间差距较大

海沧区财政性教育资金投入总量虽然连年保持增长，但增幅远低于财政支出的增幅。而同市的湖里区在2018年和2019年总财政支出减少的情况下，教育支出仍呈增长趋势。[1]

2. 教育资金投入占财政总投入的比例仍有待提高

虽然近年来财政性教育资金投入占财政总投入的比例逐步上升，并且高于全国平均水平，但与同市的湖里区相比仍有不小的差距。因此，后续要实现"有学上"到"上好学"的转变，必须进一步加大教育的资金投入，提升学前教育和义务教育阶段的校园环境和设备设施更新，并不断提升教师的各项能力和学生的综合素质。

3. 区财政的缩紧趋势带来的经费缺口较大

在世界经济整体复苏乏力的经济环境下，我国经济下行压力叠加减税降费，房地产调控影响持续，税收收入大幅下降；与此同时，保障重大招商项目落地、重点产业发展、重大基础设施建设、补齐民生短板等领域支出持续增长，财政收支压力十分突出。教育经费因此出现了专项经费压缩，以及一些项目的建设经费中断等情形。

另外，海沧区所在市的教育成本相较全国其他省份而言处于较高

---

[1] 湖里区2018全年区级财政支出63.11亿元，同比下降3.7%，其中教育支出12.92亿元，同比增长6.7%；2019全年区级财政支出58.59亿元，同比下降7.5%，其中教育支出13.74亿元，同比增长6.4%。（来源：《湖里区2018年国民经济和社会发展统计公报》《湖里区2019年国民经济和社会发展统计公报》）

位，因此虽然生均经费标准比其他地区高，但实际购买力并不高。目前多数学校主要聚焦于生均经费的使用，这一部分经费可维系学校的基本发展，但对学校的全面快速发展起不到支撑作用。

4. 小学教育资金所占比例较低

近年来，小学阶段的教育资金投入在教育总投入中的比例有所降低，影响了小学阶段特色教育的发展。目前海沧区小学的学生数量是各教育阶段中学生数量占比最多的，且近年来小学学生数量逐年增加，然而，小学教育资金投入的增长与学生数量的增长不同步，而且小学的生均经费比中学的低。在传统观念里，家长和社会对小学的重视度比中学低，但从学生发展角度看，小学其实更应重视，且需要更多经费，需要更多的人力物力来管理。但现实情况是教育资金投入少，编制也是小学的标准比较低，甚至还存在小学教师遵守坐班制度忙不过来的状况。

5. 专项经费数量不足

通过调研，幼儿园一类学校对作者表示总体经费较为充裕，可以维持基本支出，但特色园本课程、社团活动等经费紧张。从专项资金分布来看，幼儿园常见的专项资金包括基础设施专项和特色专项，其中特色专项存在资金周转慢的问题，这也会影响到基础设施专项，导致基础设施施工时间紧张、工程质量可能存在问题。基金会的资助经费作为一种非常规的定向经费，并不为所有幼儿园所熟知、常用，因此常常分布不均，尤其是民办幼儿园，更需要一定的经费倾斜。

对中小学校来说，基础设施修缮的专项经费能够尽可能得到保障和支持，尤其是老旧学校，会有部分倾斜。特色专项经费如培训专项、文化建设专项、社团专项、美育方面的专项等，则出现捉襟见肘的情况。部分学校表示，专项经费的连续性很差，不知道什么时候就停止，因此学校专项特色难以持续发展。新建的中小学校与教育基金会的联系还没很好地建立，也较难从教育基金会的经费中获得专项经费的资助。

特殊教育学校的专项资金也存在不连续的情况，使得一些进行到一半的建设项目没了着落。

据了解，海沧区之前会提供统一购买服务，直接配送到学校，比如无人机、机器人课程。这是由当地教育局直接出资的，但现在都取消了。比如物业、教师用书、学生教科书等原来都是专项经费，现在这些都是出自生均经费，资金就相对紧张了。

6. 公用经费分配制度的灵活性欠佳

考虑到学校类型有差异，为了将其放在同一标准上进行衡量，本研究根据受访者反馈的学校发展现状以及学校师生数量，将其所在区域内学校划分为难有发展的学校（规模小、学校老）、发展中的学校（规模小、学校新或规模大、学校旧）和创造性发展的学校（规模大、学校新）。目前海沧区给各学校的生均经费总额是按照学生数量乘以生均经费的标准来计算的，实现了所有学校全覆盖，然而，学生数与花费不完全成比例，因为有些费用是固定的，比如疫情期间购买测温仪，这是固定支出，摊到每个学生身上，小规模学校承担的就比大规模学校要多很多。小规模学校的生均经费更少，所以相对比较紧张。同时，新学校有很多的基础设施、设备需要完善，老牌学校更需要修缮，因此部分难有发展的学校和发展中的学校获得的生均经费总量偏低，它们很难开展课本教学以外的其他教学活动和校园文化活动。

专项经费的分布与学校的规模相关性较高，其中难有发展的学校、发展中的学校多关注政府的专项经费，而创造性发展学校则更多地关注教育基金会、相关行业协会、社会组织设置的相应经费，学校的关注度决定了其申请经费的频率，进而影响了经费在学校之间的分布差异。正如受访者反映："有的学校开展了很多活动，学校专场音乐会、学校个人画展，需要更多的经费来支持，有的学校则不需要。""做事越多，做的有效事业越多，花钱越多，反之则不然。在区域内，我们的经费可以保障正常的运转需求，不追求铺张浪费，这跟学校教学风格、学校的校长关系很大。"

7. 综合实践类课程未进行全面系统化布局

2017年10月30日，教育部印发的《中小学综合实践活动课程指导纲要》强调，综合实践活动是与学科课程并列设置的必修课程，要充分发挥中小学综合实践活动课程在立德树人中的重要作用。2018年9月10日，习近平总书记在全国教育大会上指出，要努力构建德智体美劳全面培养的教育体系，形成更高水平的人才培养体系。要把立德树人融入思想道德教育、文化知识教育、社会实践教育各环节，贯穿基础教育、职业教育、高等教育各领域。目前全国各地已经将综合实践活动具体化为劳动实践、美育实践（音乐美术、传统文化）、德育实践（心理健康教育、环境教育）、职业体验类实践、科学研究类实践等课程，并逐步落实。

目前，海沧区的综合实践课程并未进行统一设计部署，各学校在部分特色课程上各显其能，发挥各自优势，创建特色课程，但还未实现与底层实施相结合的顶层设计。

8. 专家引智的质量和数量均难以保证

据调查，专家引智这一活动由学校自身开展还是较为困难的，一方面学校人脉有限，联系不到好的专家；另一方面，也是最重要的原因，受制于经费。关于这部分经费，大部分学校从生均经费中支出，相关专项经费还是较少的，且这一类专项经费覆盖面有限，支出标准严格，申请和报销流程复杂，很难吸引重量级专家。综上所述，资金紧张对专家引智的质量和数量的桎梏极大，从而影响了学生综合素质的培养。

三、区域教育资金管理使用中存在的问题

1. 区域教育资金管理使用中面临的整体性问题

（1）专项经费逐年萎缩，制约了特色教育的发展

经历了2013—2015年间区域教育资金充裕投入的阶段后，各学校明显感觉到近年来教育资金萎缩。此前因专项资金充裕，各校得以开展各类校本特色项目，资金削减使得各学校发展特色教育的计划不能完全实现，只能从中选择少量低成本的特色教育项目进行展开，部分项目被迫中断，曾经的一些特色教学项目难以为继。

（2）小规模学校的资金运转存在困难

生均综合定额预算安排按学生数乘以定额，其基本逻辑为学生越多，开销越多。因此各学校的公用经费基本与学生数成正比。然而，实际上很多支出不受学生数目影响，对大规模和小规模学校来说都是固定的，譬如基础设施维护费用、水电园艺物业费用、水电保洁人员

的工资等。

小规模学校的生均经费总量偏少，在使用上捉襟见肘，影响了学校的运营，如果出现需要学校支付的水电费等没有着落的现象，这会在一定程度上打击学校管理层的办学信心和对未来的规划。

（3）建设类专项资金存在跨年度使用和难管理的困境

为了不影响正常教学，学校的建设项目一般在假期进行，因此短暂的寒暑假成为诸多施工项目的建设工期，但有些大型项目是一个寒假或暑假无法完成的，可能由此产生资金的跨年度使用问题。而经费使用需要在年初编入预算，年末进行结算，多余的资金需要返还，如果跨年度，程序与操作上问题较多。因此，为了实现当年清算，有些项目就会赶进度，这可能影响到项目的施工质量。

（4）迫于形势将功能教室改作他用的情况比较多，造成以往资金的浪费

当前学前教育和中小学学生学位紧张，尤其是创建时间较长且发展态势较好的学校，面临的入学需求压力更大，教室数量难以满足日益增长的教学需求。为了解决学位紧张问题，学校不得不将一些花费高成本建设起来的"功能教室"再改建为普通的上课教室，这在一定程度上造成了早期教育资金投入的资源浪费。

（5）资金使用制度的限制性措施过多

一些资金相对充裕的学校，在资金的使用过程中出现了很多问题。除了经费报销的限制多外，学校还面临多方的审计监督，各级部门对经费制度的解释及限制可能层层加码，学校为最大限度满足合规的需要，宁愿有钱不用，这就造成了预算资金无法充足使用，年底清零的现象，降低了资金的使用效率。

2. 学前教育资金管理使用中存在的问题

(1) 资金花费周期长，基础设施施工时间紧张，工程质量可能存在问题

基础设施专项资金一般需要提前一年进行申报，资金使用周期较长，而施工时间紧张。部分施工方比较了解财政制度，知晓资金周转慢，施工时间大多在假期，可能会以牺牲质量为代价设法缩减工期。在这种条件下完成的设施，可能存在安全隐患。

(2) 生均经费逐年缩减，特色教育发展受限

当前，海沧区幼儿园自主分配资金的主要来源是区财政每年年初安排的生均经费，近几年生均经费逐年下降，2019 年的幼儿生均经费为每生每年 1200 元。受新冠肺炎疫情影响，海沧区经济骤然下滑，财政支出紧缩，各幼儿园的专项经费也随之缩减，以往的专项经费支出现在需要从生均经费中划拨。在优先保证园本课程发展的情况下，生均经费难以覆盖特色教育发展，因而各幼儿园特色教育发展的资金需求越来越大。

(3) 园区规模影响资金充裕程度

根据分析，无论幼儿园规模大小如何，对园本课程和特色课程所需要的大型教学设备、教师培训的资金金额都相差不多，按照学生数分配生均经费对小规模园区来说显然不够合理，不利于园区发展和教学质量的提高。在生均经费逐年下降的情况下，幼儿园规模过小无疑是雪上加霜。

(4) 基金会专项资金申请条件严格，部分需求未得到满足

在基金会专项资金的申请方面，部分幼儿园的部分需求未得到满足。现有基金会的资助一般为规定项目、幼儿园自主选择，但还未有幼儿园自主申请项目和课题的渠道，且专项资金的申请条件比较严格，

操作程序烦琐，申请门槛较高，因此难以满足一些幼儿园对专项资金的需要。幼儿园根据自己的需求，提出合理的方案并申请，有助于解决掣肘幼儿园发展的问题，提升教学质量。

（5）专家入园及外出交流经费短缺，亟须改善

经调查，各幼儿园在邀请专家入园和外出交流方面的资金较为短缺。专家入园和外出交流是促进幼儿园发展的最快速、最有效的途径，能够使教师较为直观地发现自身存在的问题并加以改正，有助于教师的专业成长和园区的发展。但目前，各园区在该方面的资金和资源都比较匮乏，专家交流经费没有专项，须由公用经费覆盖，公用经费又较为紧张，因此难以满足幼儿园对专家引智和外出交流学习的需要，这一点亟待改善。

（6）教育科研方面的资金支持和奖励仍有不足

教育科研是教育教学发展、教师成长的助推器，通过教学研究，能为完善课程体系提供资源，并通过不断地实践改善理论，以保证幼儿园教学质量的提升。目前海沧区幼儿园教师受限于经费和资源平台的匮乏，难以在教育科研方面大显身手，这不利于教师个人的成长成才，也无助于幼儿的培养发展。

（7）教师需求量大，优质教师匮乏

受到海沧区人才引进政策及两孩政策等影响，海沧区学前幼儿数量大幅上涨，学位逐年增多，对教师的需求也越来越大。目前，海沧区教师编制数量少，外聘教师比较多，教师队伍的提升在一定程度上受到限制，后备干部培养周期长、数量不足。另外，体育、艺术等专业教师短缺且难以招聘，很多特色活动无法开展，对幼儿园的正常教学造成了极大的影响。

(8) 教师培训项目与实际需求存在差距

教师培训是促进教师专业化成长的重要措施，有力有效地培训教师的重要前提是使培训更加契合教师的需求与工作实践。当前海沧区教师培训项目多集中于新进教师培训、骨干教师培训等，未能兼顾不同类型教师的需求，且培训项目有时难以解决教师自身发展的根本性问题。根据教师的关键需求制订个性化培训方案，将有利于提高教师培训的积极性和主动性。

(9) 民办园亟须帮扶，作为帮扶方的公办园也需发展进步

海沧区按照片区划分，为各片区的民办园指定公办园作为帮扶方。一方面，民办园亟须教育局和基金会的拨款支持，另一方面还要考虑其是否能有效利用这些资金。作为帮扶方的公办园在目前自身发展也较为困难的前提下，无偿帮助片区民办园发展，会让公办园自身更加吃力。因而教育局在帮扶民办园的同时，也需要适当支持公办园的发展进步。

(10) 国有企业所办的幼儿园的资金补贴匮乏，政策倾斜程度不够，经营困难

当前海沧区国有企业所办的两所幼儿园的一期建设由政府出资，二次装修以及后续修缮费用均由海沧区城建集团承担，每年的投入巨大。而两所幼儿园是按照公办园的收费标准和要求来经营，普惠性的收费与装修修缮费用在金额上相差甚远，导致入不敷出。此外，国企办学还涉及作为企业主管部门下设的国资办与教育主管部门之间的沟通协调。当前，国资办设定的行业平均标准远远超出教育主管部门要求的利润率，两者的矛盾降低了该集团的收入水平，对该集团办学更是雪上加霜。

另外，城建所办的幼儿园招生需要先按教育局的要求优先解决其

他片区短缺的学位数，而后才能自由招生。但教育局的补贴是按照学生数、条件等级来发放的，并且对前述的短缺学位以及其他学生（没有户籍）的补贴不一致，短缺学位的教育补贴多，没有户籍的学生补贴少。由此，在该集团入不敷出的情况下，政府的补贴也在日渐减少，该集团经营幼儿园面临巨大的挑战。

（11）国企合作办学中，收费限制导致部分教育公司员工收入明显低于同行

一方面，国企运营的学校对收费有着严格限制，学费基本和公立学校持平，因此国企办学的收入来源有限，盈利率明显低于国企中的其他部门。另一方面，根据国企教育公司人员的薪酬机制，收入低于集团平均水平者降低其绩效工资，导致很多工作者的工资收入降低。因此这部分人员的工作积极性受到影响，不利于国企所办学校的长期发展。

3. 中小学教育资金管理使用中存在的问题

（1）公用经费配置不够合理，部分学校经费捉襟见肘

公用经费完全按照学生人数发放，不论学校大小，水电物业等基本项目花费大致相同，这对于学生人数少的学校更不利；举办活动费用，学生总数越多，平均到每个学生的经费越少。所以各项专项经费削减或取消后，各学校都利用生均经费维持学校费用，导致中小学校与人数多的学校差距加大，教育不均衡。

此外，小学生生均经费比中学生均经费标准低。在传统观念里，小学比中学的费用需求低，但从学生发展上看，小学阶段需要更多的特色课程，对孩子的性格和兴趣进行培养，同时也需要更多的人力物力进行管理。

(2) 专项经费缺乏连续性，导致学校特色发展不连续

以海沧区为例，海沧区各中小学校基本都有特色课程或活动，譬如中草药学习、足球、武术、社会实践等。以往这些项目都有设立专项资金，无须生均经费支持。但近年来，许多专项经费被取消，这些特色发展项目随之失去了资金来源，原本推进良好的校本课程难以为继。因此，学校需要从生均经费中拨出部分额度来支持特色发展项目，加重了生均经费使用压力。此外，有些特色项目花费较高，譬如足球，需要定期对球场进行维护修缮、需定期购买相关教具、聘请足球教师等，此类项目所耗费的资金是生均经费难以覆盖的。

(3) 资金来源单一，多元筹资意识不强

区域内各中小学校的资金来源单一，主要依靠财政拨款。教育基金会支持的项目较少，社会捐助也较少。社会捐助一般用于奖学助学，资金的使用更加烦琐，教育局管制较多，剩余的资金需要收回，无法用于开展其他工作。

学校多元筹集资金意识不强，一些学校尝试通过学校举办慈善演出等活动筹集资金补助困难学生，但目前并无统一的制度，各学校只能摸着石头过河，对涉及资金筹集和使用的这种民间筹资方式进行如履薄冰般的尝试。

(4) 资金申请渠道不畅，学校资金使用受限

据了解，虽然大部分学校的资金能做到"保基本"，但也有部分学校的资金捉襟见肘，正常运行都难以得到有效的保障。事实上，很多学校对于如何有效申请资金缺乏了解，或者因为申请难度过大而放弃。此外，学校只保持基本正常运营是远远不够的，各学校都需要专项经费来支持学校特色课程的发展，而很多学校对于如何向教育基金会、上级政府和街道等主体申请资金尚缺乏认知，甚至不了解有这类申请途径。

通常认为，严格的财务制度能规避资金使用过程中出现问题，但具体情况需要具体分析。现在各专项经费基本已被取消，学校应该对公用经费有更多自主权和灵活性。对生均经费使用管理过于严格，限制过多，会导致学校主动性、积极性降低。校长和学校内部通常会对学校支出做出审核和共同监督，但过于严格的审核制度会导致效率降低。所以，可以设置一个限额，超过限额的需要审核，给学校办活动提供一些自主权。

（5）**教师补助与奖励项目偏少**

目前，教师补助项目较少，而现在教师要承担午餐管理、午休管理、课后延时等许多任务，并且午餐、午休教师管理补助多来自学校生均经费，对学校来说负担很大。

此外，据作者调查了解，各学校针对教师设立的奖励类型偏少，针对骨干教师、优秀教师等的奖励，每个奖项名额较少。官方提供的奖教助教项目也较少，学校对教师进行奖励只能从奖励性绩效分拨出款项，因此能提供的奖励较为有限。这就导致现有的教师奖励和资助项目对教师的激励和帮助作用较为有限，难以最大化地发挥其效用。

（6）**学生补助存在不足**

目前学生补助以建档立卡为标准，外地的家庭无法提供建档立卡证明就不能享受补助。学校对部分家庭困难的学生会提供午餐补助，但对于午餐补助的要求很多，在学校就餐会加重学校工作负担，对部分学校来说恐无法负担。

对定制公交有需求的学生大多是因积分不足（小学）被分配到较远学校的学生，这些学生的家庭经济状况本身就不好，定制公交价格对很多家庭来说也有很大压力。

（7）财务制度结算周期不合理

经调查，报账制度流程多、报账时间长。一个片区只有两个会计，规定只能周一、周三报。报账经常要一个月的时间，紧急材料不能及时报账。报账员都是兼职，报账烦琐会影响教学。教育局对学校的经费管理制度过于复杂，专业性较强，限制条目较多。一方面，这种复杂的管理模式对各学校的财务人员提出了更高的要求，然而事实上，并不是每所学校都有条件聘请专业的会计来进行经费管理与核算。另一方面，较多的限制条件使得学校领导层对于学校的很多想法和规划都无法实现，学校的主观能动性得不到发挥，各学校难以将特色办学效果最大化。

（8）偏远学校面临多方面问题

偏远学校的可支配资金十分有限，在维持学校基本运转后剩余资金很少，不能满足学生特色发展需求，尤其是中小规模的学校，面临的资金不足的压力较大。

此外，为了缩小学校间的师资差距，会在新进教师分配和考编制教师分配时实行抽签制。但是偏远学校要想留住好教师面临着诸多问题：距离较远，教师通勤时间长，通勤费用增加。且偏远学校生源质量不好，家庭教育氛围较差，教师需要付出更多的时间和精力。

（9）教师编制配置不够合理

各学校的教师编制数目都有非常明确的规定，编内教师的招聘全权由教育局组织，学校没有自主权。实际上，部分学校出现了教师编制不够、必须额外聘请编外人员的问题。

现在的教师会承担很多教学之外的工作，如功能室管理、财务报账、党建、工会、安全保卫、图书管理等，这些岗位都不单独设编制，都含在教师编制里，导致教学人员编制不够。

也有部分学校表示教师编制超额，实际上不需要这么多编内教师。

对前者而言，教师资源不足，师生比偏低，教师的教学效果就无法得到保证，且加重了教师的负担。对后者来说，编内教师超额，造成了资源的浪费。

（10）教师培训与需求不匹配

目前海沧区政府为各学校教师提供的官方培训主要来自教师进修学校，其次是讲座。实际上，这些培训和教师的需求并不完全匹配，具体体现在以下三方面：

首先，每个学校对于教师培训的需求痛点不同。譬如，有的学校有特色校本课程，非常缺乏具有相关技能的教师，而现有的培训只是通识性的讲座，对于提升专业技能并无裨益。

其次，目前的培训多是理论、意识层面的，缺乏实操性的指导。事实上，很多教师更需要关于如何备课、上课、编制考题等方面的培训。

最后，培训缺乏长期性。现有的培训更多是短期的讲座、课程，虽然在短时间输出了观点，但难以实现效果的持续性，导致培训最终无法实现其目的，成为形式化的任务。

厦门市教师招聘没有师范专业限制，有些教师只是考上编制就来教，对一些教学内容、策略都不太了解，教学水平有待提高。教师很难脱产培训，学校希望能有质量更好的培训帮助新教师快速成长。

在这方面，合作办学的学校能给我们一些启发，这些学校在教师培训方面资源更丰富。以华中师范大学附校为例，附校会对教师进行全员培训，每年的新晋教师要送到本部培训；每个月会派二到四名教师去本部进行跟岗培训；本部每个月会派到三名名师到学校来授教，名师在理念和行为方面都走在前列。

4.职业教育中存在的教育资金管理使用问题

(1) 硬件条件尚需改善

职业学校和其他学校的授课内容不同，对于教学设施的要求也不同。对职业学校来说，需要很多额外的训练场地和设备。调查显示，海沧区职业学校的部分实训场所面积不足，设计也缺乏合理性，难以满足教学需要。因此，后期改造需要资金支持，不断完善职业学校的硬件设施，进一步提高教学质量，提升教学效果。

(2) 部分学习训练设备老化或先进性不足，不符合产业升级的实训需求

海沧区的职业学校建设已有一些年份，建校初期配备的一些训练设备已经进入老化阶段，部分设备落后于企业的实践，学生在校期间所受到的训练与企业的实际需求脱节，这与职业学校的教育理念与教学目标相悖，难以满足学生发展就业的需要。因此需要定期更换或更新已有操作仪器和实验设备。

(3) 编外合同制教师待遇偏低

调查显示，目前区域内职业学校的教师队伍中，有11人为编制外教师。而海沧区职业学校没有实现编内编外教师同工同酬，编外合同制教师的待遇较编制内教师低，其教学任务却并不比编内教师轻松。这就使得编制外教师的工作积极性偏低，没有热情投身于自己的工作，也没有动力不断提升自己、改进教学内容，不利于教育质量的提高，也难以对学生产生积极正面的影响。

5.特殊教育中存在的教育资金管理使用问题

(1) 专项资金的连续性不够，阻碍学校发展

受政策影响，往年提供给学校的很多专项资金都被取消或削减，

而有些需要分阶段完成的建设项目需要连续的资金支持，当海沧区总教育经费偏紧时就会影响项目后续的经费投入，使得项目建设停止，影响建设项目的最终投入使用，也影响了财政资金的使用效率和效益，以及学校规划的进一步执行实施，从而阻碍了学校的长期发展。

（2）学校向社会筹资的制度未建立

目前，学校的资金主要来自财政拨款，当国家财政资金吃紧时，学校的运营也就不可避免地会受到影响。为了更好地支持教育事业发展，放开社会捐助渠道显得尤为必要。经调查了解，有意向向特殊教育捐赠资金的企业较多，但囿于制度因素，现金形式的捐赠不方便接受和使用。因此，需要建立相关的资金捐赠制度。除此之外，社会捐助的渠道需要拓宽与畅通，教育基金会在其中能起到更好的牵线搭桥的作用。

第六章 区域教育资金投入分配及管理使用的对策与建议

一、区域教育资金投入分配的建议

1. 进一步发展区域经济，稳步获得教育资金投入经费增加

（1）寻找新的经济增长点

随着减税降费等政策的实施，各地的财政收入增幅有所减缓。这对财政收入造成了一定压力。因此，海沧区教育经费经历了2013—2015年的大飞跃时期，目前教育经费总额虽然仍保持上升发展趋势，但已经进入了一个比较平稳的时期。为了应对学位增加所带来的经费需求的增加，以及很多学校仍然存在的教育经费不足、特色发展受限等问题，还需通过经济的增长来获得教育经费投入增加的可能性。

为进一步支持区域教育的发展，应当充分利用区域优势，大力发展区域经济，稳步增加教育资金投入。可以通过以下宏微观的规划和设计，为教育资金的投入增长提供新的动力和源泉。

①通过产业规划和政策引导加大高技术产业的占比。

以海沧区为例，目前海沧区的加工业企业较多，但高技术产业占比不足，未来需要考虑如何进行新的产业规划，增加高附加值的产业，提升经济发展的动力。

②进一步提升营商环境，吸引国内外的优质企业投资，增强经济活力。

目前全国各大城市都在提升营商环境，吸引优质企业的竞争，微观到区一级，也应抓紧时机，以税收优惠、优美环境、优质人力服务等对优质企业具有真正吸引力的举措来吸引资本的进入。

③进一步盘活经济。

如通过发展旅游经济、夜间经济等手段促进区域经济增长。各部门联手设计适合区域的旅游品牌，吸引游客来观光旅游。通过合理规划和优惠中小企业的方式，发展夜间经济，释放更多的夜间消费空间。

④通过各种优惠政策刺激当地居民和游客的消费。

使用定期和不定期发放各种消费券的形式刺激居民和游客的各项消费，以获取 GDP 的增加。

(2) 构建区域高层次人才政策体系

高层次人才对经济发展的驱动效果十分显著，目前二线城市已经通过各种优惠政策积极吸引高层次人才落户和就业。各地区应该学习相关经验，构建以就业、创业、落户、住房、医疗、子女就学等为一体的全方位的人才引进体系，吸引海内外高素质人才落户，服务当地，进一步发挥高层次人才对区域经济的促进作用。

①通过各种奖励和激励政策，吸引高层次人才来就业和创业；

②通过构建便利生活圈以及吸引高层次人才的配套服务政策，进一步吸引高层次人才落户当地；

③利用各种宏微观政策激励、发掘高层次人力资本的潜力，激励高层次人才创造更高的价值。

（3）激活现代服务业，为企业发展提供高质量的服务支持

已有产业园区和未来的产业园区要引进优质人力资源服务类企业，为园区制订合适的人力发展战略和方案，为园区企业提供优质人力资源服务。

将优质品牌的幼儿园和中小学建设纳入产业园区的规划中，为园区人才解决子女就学的后顾之忧，吸引优质蓝领和高层次人才进入当地的产业园区。

2.构建教育资金多元投入体系

（1）探索适合区域教育发展的政府与企业合作模式

2017年1月18日，国务院发布《关于鼓励社会力量兴办教育促进民办教育健康发展的若干意见》，其中提到要探索多元主体合作办学。

故建议采用政府和社会资本（Public-Private Partnership，简称PPP）合作的模式，将社会资本通过该模式引进基础教育服务。这样一方面能够促进教育投资主体多元化，另一方面也能推动基础教育项目的落地实施，进而推动教育公共服务供给机制创新，助推公办基础教育学校建立。对政府而言，既能有效减轻政府财政支出压力，又能提高基础教育资源配置效率。通过这种创新体制的改革，能够有效提升中小学教学质量和入学率。社会资本的加入，增加了教育部门的竞争压力，有助于提升基础教育服务供给的创新力度和效率。

此外，PPP模式在管理和融资上灵活性较大，作为一种新型管理和创新模式，不仅能提高资本的运行效率，还能在一定程度上改善教育部门和学校管理的官僚化和腐败程度，促进学校管理效率的提高，有效解决教育发展过程中的结构性与非结构性问题。

虽然从理论上讲国有企业不属于传统的私人企业，但国有企业具备承担大量基础设施项目建设的实力和经验，所以其担任PPP项目实施机构也是可行的。而且，由于PPP项目的利益不大但责任重大，项目合作周期通常长达10年以上，政府换届、领导更替、国家政策变化、政府违约等因素对PPP项目持续经营和盈利水平影响较大，往往政府部门更愿意让国有企业担任PPP项目实施机构。此外，较一般的私人企业而言，国有企业的社会责任感普遍强于私人企业，民众对其信任度也高于一般的私企。

因此，以海沧区为例，在引进社会资本办学方面，初期选择了国有企业城建集团的介入，在办学经验上已经有了先期积累，由该集团承办的两所幼儿园经受住了考验，已经良好运行多年，所办幼儿园深受周围居民的肯定，成为民众子女入园时的优先选择。据调查显示，该集团开办的两所幼儿园教育质量突出，广受好评，但仍然受到多方面限制，很多构思无法实现。所以，应当拓展国企办学的渠道，放开限制；政府应当给予国企更多自主权，使得国企办学能自给自足乃至实现盈利，缓解政府在教育方面的支出压力。

(2) 进一步发挥学校获取社会资金的能动力

在依靠财政资金增加教育资金投入面临较大困难的状况下，可以在开发教育资金的获取源头上多多思考。

已毕业校友、校长所拥有的社会资本等都可能为学校的资助提供现实的支持。但在当前体系下，学校接受捐赠必须经过教育局或者基金会，接受捐助的来源十分有限。这实际上限制了一部分资金对教育的投入。

未来，可以疏通学校捐赠渠道，建立社会捐赠体系。适当放宽学校接受捐赠的条件，建立相关的捐赠制度，为企业提供更多捐赠渠道，进一步激发企业为教育事业做贡献的社会责任感。

（3）进一步拓宽区域教育基金会的筹资渠道

应当持续拓宽区域教育基金会的筹资渠道。以海沧区为例，目前海沧区教育基金会的资金主要来自国企的捐助支持，来源有限，经费不足，对学校的资助能力有限。因此，基金会应当扩大社会宣传，增加其知名度，拓宽筹资渠道，接受社会各界的捐助。

（4）通过政策倾斜缓解政府财政支出压力

①吸引民间资金进入教育投资领域

政府应当通过一系列政策倾斜，如金融政策和税收政策等，支持社会力量兴办教育，进一步引入社会资本建设优质民办校。考虑在初中和高中阶段引入高质量的民办教育，通过市场机制让部分有经济实力又愿意追求教育质量的家长有为自家孩子选择本地优质教育的机会。

政府通过减免税、优惠信贷等各种途径促进民间教育的发展。这样不仅可以缓解教育资金的压力，又可以为有高水平教育需求的家长和学生提供高质量的教育资源，进而解决班额紧张、技术蓝领因其子女上学难而难以留住等问题。

政府还可以从政策上探索如何突破目前政府建设、企业运行管理的模式。从学校建设阶段就引入社会投资，学习其他地方企业和社会资金进入教育领域时的经验和教训，建立适合当地的教育投资模式，减轻财政压力负担的同时，更好地满足不断提升的教育需求，进一步提高办学质量。

②用地政策上实现适度弹性

以海沧区为例，该区域内有大量的工业企业，且分布在互相邻近的工业园区，工业企业需要大量的技术蓝领，但由于子女入学等问题，造成技术蓝领人才的短缺。未来可以考虑在工业园区突破工业用地限制，实现园区配套幼儿园和配套义务教育学校，这样不仅有助于提高学校密度，优化学校布局，还可以对蓝领形成较大的吸引力，解决工业园区蓝领人数不足的问题。

(5) 激发教育资金投入活力

①加强基金会的中介作用

应当努力加强基金会的中介作用，更好地沟通学校和社会各界。以海沧区为例，目前海沧区学校接受社会捐助必须通过教育局或基金会，而调查反映，很多学校和基金会几乎没有联系，对于如何申请项目、接受捐助一无所知。因此，应当加强基金会的桥梁作用，使得学校能通过基金会获得经费来支持学校的运营发展。

教育基金会可以设计一个比较体系化的资助方式，设置特色发展项目，在设立项目时留有一定的灵活度，不要将资金的使用渠道划分得过于细致和狭窄。

②扩大项目类资金的资助范围

目前，学校接受资助的项目较少，很多开销都必须以生均经费覆盖，加重了经费使用的负担。因此，应当扩大对学校的资助范围，将更多非日常运营类的开支项目纳入资助范围中。这样可以减少生均经费不足的压力。

③建立区级教育储备金，用于补充各项的应急事件资金需求

调研发现，大部分学校缺乏处理应急事件的储备金。一旦发生风险事故，将陷于困境。因此，可以通过建立区级教育储备金或者集体购

买意外保险等方式来解决办学过程中可能发生的突发事件，储备定量的教育资金用于支持学校运营，避免突发意外导致学校难以正常运转。

④教育资金投入主体多元化，更好地发挥街道、社区和工会的作用

教育资金目前基本全靠财政维持，一旦财政吃紧，各学校的教育资金就会受到影响，因此，应当努力实现教育资金投入主体的多元化，譬如，应更好地发挥街道、社区和工会的作用。

3. 优化教育资金分配结构

（1）进一步优化不同教育阶段的资金结构

目前，对于幼儿园、小学、中学各阶段的教育资金投入，采用较为粗暴的一刀切的分配方式，这种方式虽然基本符合"教育层次越高，所需教育成本越高"的理念，然而在实际操作过程中，存在着很多影响教育成本的因素，譬如生源质量、学生家庭背景等。因此，应当继续完善优化教育资金的使用制度，结合各个教育阶段的学生数量、教育成本等因素，进一步优化各阶段的资金结构。具体而言：

①对幼儿园的保教经费适当返拨，以弥补生均经费不足

当前，家长缴纳的保教经费全部上缴，入财政金库，由区财政局按照每生每年1200元的标准，根据每个园区的学生数量下拨。由于疫情的影响，多项专项经费取消，对各园区的正常运行产生极大的冲击，生均经费已不能满足各园区的需求。故建议通过对保教经费适当返拨，帮助各园区渡过困难。

②对小学的资金分配要适当倾斜

预算中的基础建设专项款，是按照学生人数的比例来拨的。但是，对于规模小的学校、发展中的学校更应该在资金上给予支持。故建议

应当参照完善校的标准,专项的资金应当按照实际需要来分配,而不是机械地按照学生数量来。

目前的资金分配结构对小学不利。小学阶段是学生发展的关键时期,也是不拘一格出人才的关键阶段。这个阶段的特色教育尤为重要。因此,教育资金的投入要从人、财、物三个方面对小学阶段的特色教育予以更多的支持。

③对职业学校的资金分配要助力学校升级换代

虽然职业教育的资金整体上比较充裕,但要进行职业教育的升级换代,还需要考虑用专项资金满足学校在对学生实训培养上的资金需要,以期符合当前产业升级的人才需要。除了此类软需要方面,还要关注部分硬需求,如基础设施建设、校内空间开发。职业学校在建设初期未考虑教师住房的需求,导致校园内没有用作教师宿舍的建筑,未来需进行重新规划或结合区域购房政策,方便教师以政策性优惠或者团购形式购买学校附近的商品房。

④对特殊学校的资金分配要增加灵活流动性

特殊教育的成本远高于一般教育的成本。政府在特殊教育的投资上已实现了资金投入的倾斜和人员配备的倾斜。

以海沧区为例,目前,普校与特校之间互相转送学生的渠道已经打通,需要教育资金能够跟随学生进行灵活流动。另外,地区教育主管单位应考虑通过长聘机制保证残疾人教育专家委员会对特殊教育的智力支持。残疾人教育专家委员会不仅可以对入学新生进行科学评估,便于其分配到合理的教育类别,还可以辅助学校教学科研的开展。

(2) 进一步平衡不同发展阶段的学校的资金分配

目前,各学校的经费充裕度有较大差别,部分学校资金充足,有能力发展各种特色项目,而有些学校连日常运营都难以维持。因此,应当做更细致地调查,更充分地了解各学校的发展情况和发展需求,进一步平衡不同发展阶段学校的资金分配,从而更合理地利用和配置资源。这就需要教育局与基金会协同发挥相关作用:

①教育局关注特色课程的资金分配

在新冠疫情和世界经济下行压力的影响下,财政资金紧缩,专项经费削减,原本由专项经费支持发展的特色课程难以为继。在特色教师、教学设备等均匮乏的情况下,特色课程发展亟须资金支持。

②基金会关注教师培育以及资金在非核心地带学校的分配

一方面,基金会可以从教师培育方面入手,向其他有经验的地区学习,如聘请特级教师、退休教师、退休校长等形成一个面向全区的帮助教师成长的团队,成立工作室。各个学校可自愿申请老教师定期来学校进课堂、进学校,形成稳定和长期的合作。

另一方面,基金会应当更关注乡村和城乡接合部的学校,弥补教育差距,实现教育均衡。基金会的项目申请、信息通知应公开透明,让有资格的学校都有机会申请。基金会在奖教助教、奖学助学方面应给予更多资金支持。

③教育局及基金会应适当放宽专项经费的申请条件

据调查,目前许多幼儿园、中小学校的发展需求未得到满足,希望当地教育局能够对最基础的、有发展特色的申请进行实地调研;希望基金会能够改变以往烦琐、复杂的流程,为各校自主申请项目放宽申请条件。

(3)生均经费分配对学生数量进行阶梯制计算

目前,学校经费基本按照生均经费反拨的形式来供给,这就给学生数较少的学校带来了明显的资金缺口。从举办各种校园活动的成本来看,小规模的学校和大中规模的学校需要的成本是一样的。因此,小规模学校举办特色课程活动需要花费更高比例的生均经费。解决这一问题的办法是在分配生均经费时不再严格按照学生数乘以生均经费人均定额计算各学校的总生均经费，而是将学校按照学生数量划分为几个阶梯，为同一阶梯的学生人数进行绝对的乘法运算，设置几个学校规模的梯度阈值，分拨同样的经费，从而更好地支持学生数量少的学校的发展。比如，不满一百人的学校按一百人计算生均经费总额，超过 100 人不满 200 人的按照 200 人计算生均经费总额。

（4）加强对特色项目的支持

以海沧区为例，90% 以上的学校都有各自的特色项目，涵盖乐器类、书画类、体育类，部分学校尤其注重传统文化的弘扬，如组建民乐团、教授五祖拳等。财政拨款是发展特色项目的主力军，其次是街道支持。有学校表示，目前学校发展缺的不是经费，而是一定的特色和方向，一开始尝试了很多项目，现在发展了几年，终于有针对性了，要重点发展某个项目。可见，特色项目将是区域教育未来经费分布的重要组成部分。

4. 对学校资金拨付和使用实现精细化管理

以海沧区为例，当前厦门市在制定了统一的教育生均经费标准，明确了教育经费投入保障的资金来源的基础上，需要进一步优化投入结构和解决弱势补偿问题。要向弱势群体倾斜，向教育发展的关键领域、薄弱环节倾斜，向小规模学校、发展中的学校适当倾斜。

建议对各个学校进行详细的调查，根据发展情况不同，进行摸底建档，进而便于分类管理。因为学校之间发展情况差别较大，各学校资金充裕度也有显著差距，经常会出现资金集中在某些学校，而部分小规模学校难以为继的情况。因此，为实现资源公平均衡配置，应当对各学校进行摸底建档,对小规模起步型学校进行专项资金照顾和倾斜。

在落实教育生均经费基本标准的过程中,要结合本地区义务教育学校的学生规模、校舍面积、建校时间、共享任务量等实际情况进行统筹优化,合理确定本地区学校的调整系数,尤其是针对部分农村地区规模较小的学校,要按照一定的调整系数核定标准,保障规模较小的义务教育学校的办学需求和改革发展。在此基础上,各学校应该统筹安排资金,进一步优化支出结构,提高资金使用效益。

二、区域教育资金管理使用的建议

1. 梳理完善已有制度

根据调研情况,作者发现,对已有的教育资金管理与制度,尚需进行如下的完善。

(1) 完善预算制度,优化资金支出结构

应当建立更加完善的预算制度。在编制预算时,考虑到各方面的影响因素,对各个支出项的有关信息调查得更加详细充分,在了解各支出项的重要程度、收益比的基础上编制预算,从而更加合理地安排资金支出的结构,提高资金支出效率。

(2) 适当提高校长的资金支配权

现有的资金使用管理制度规定详细,资金使用复杂,极大地限制了各学校的自主权。各学校在开发特色课程时要面对层层限制。建议同步推进监督制度的建立、扩大学校资金使用自主权,可以在严格监督的同时,适度提高校长对资金的支配权,从而使得校长能够更自主地实现自己对学校建设和特色发展的构想。

(3) 总结总额包干制的优缺点，进一步完善和推广总额包干制

当地教育局可以组织实施总额包干制的学校领导和相关教师对该制度的优缺点、适用条件、改进方式等展开大讨论，探讨进一步完善该制度的办法，在适合的学校逐步推广。

(4) 允许各学校探索适合本校的绩效考核制度

对缺编较多的学校和编内编外人员待遇差别大的学校，允许学校内部进行适合本校的考核制度和绩效工资的研究和改革试点，允许方案成熟、能够取得本校教师广泛共识且敢于创新的学校进行新制度的试点。

(5) 增加资金使用范围的弹性

当前资金使用过程中存在限制过多过死的问题，一些学校为了合规，很多预算资金都未能按时使用，难以提升资金使用效率和效益。故应当设置资金使用的弹性范围，探索更加合理的资金使用制度，以充分发挥学校的主观能动性，实现特色办学效果的最大化，促进学校的持续健康发展和学生的全面素质培养。

(6) 构建网络化资金管理信息平台

在国家大数据战略深入推进的当下，推进资金管理的信息化建设，建立拥有顶层设计理念的网络化资金管理系统，是提高资金使用效率，促进教育事业更好更快发展的必然要求。教育系统可以考虑统一采购适应当前和未来需要的资金管理系统，提高网络信息平台的软硬件设施建设水平，建立合理的管理流程，定时优化网络系统，实现大数据集成和数据共享，提高教育资金管理水平和能力。

(7) 实现内部控制制度与信息化手段的有效结合

建立网络化资金管理系统和平台时，需要总结以往资金使用和管理的经验和教训，对可能发生的风险进行分类、评估和预测，改革传

统的资金管理制度，建立适用于新形势的网络化资金管理系统的资金管理制度和内部控制制度。新建的资金管理制度和内部控制制度应与新的信息技术相结合，防范滋生腐败，在不降低效率和便利性的前提下实现资金的安全管理和使用。

2. 在现有制度基础上进行制度创新

（1）建立教师额外工作补助制度

目前教师的工资基本波动不大，但教师经常需要在午休时和晚上加班，工作量较大，却得不到相应的补偿与回报，影响教师工作的积极性。因此，应当建立教师额外工作补助制度，对教师的加班给予补助。

（2）建立教育财政资金的绩效考评制度

应当在合理制订编制预算计划的基础上，建立教育财政资金的绩效考评制度。要根据教育资金使用需求，结合财政预算安排的教育资金，统筹安排使用，并建立切实有效的绩效考评方法，将资金使用与使用效果挂钩，增加奖惩手段，建立激励机制。

3. 完善管理措施

（1）后勤服务工作可以考虑市场化外包

目前，部分学校出现教师编制不足的情况，原因之一就是后勤、校医、图书管理员等很多非教师类岗位也被纳入教师编制中。因此，可以实施后勤服务外包制度，将后勤工作交由服务机构或专门的公司来承接，这不仅能够提高编制的利用率，还能够为学校节约时间和管理成本。

（2）继续优化义务教育教师资源配置的相关措施

当前，某些区域通过抽签摇号等方式分配师资，在推动地区师资的均衡发展上卓有成效。但除此之外，随着课程教材改革的不断深入、中考改革的实施以及小班化教学的推进，教育的内涵在不断丰富，学校在课程、教学、科研、社会责任等各方面都发生了深刻变化，学校和教师相应地承担了更多的任务。因此，各地区和学校需要根据本区域和学校的实际情况，在编制标准范围内，增加教师配备，优化区域教师资源配置，并加大教师培养培训经费的投入保障力度，为教师培训等提供足额经费保障和支撑，促进教师发展。此外，为进一步解决教育资源紧张的问题，可以加快落实柔性人才引进政策，通过人才的柔性引进实现人才资源的共享，缓解教师人才资源短缺的问题。

（3）加强对学校财务人员的培训

以海沧区为例，当前区域内多数学校均没有专职的财务行政人员，绝大多数都是由学校的代课教师兼职财务人员。财务工作涉及学校的方方面面，不仅细碎繁杂，而且需要专业知识。一来，财务工作耗费时间较长，工作量大；二来，财务工作涉及专业的预算、决算管理等，时间有限，非专业的代课教师兼职学校的财务工作不利于学校财务高效高质地管理。如果要优化学校的财政管理工作，在当前学校不增加编制的情况下，应当加强对兼职财务工作教师的财务理论与实践知识的培训。

（4）科学合理设置奖教金申请审批流程

就调查结果来看，教育局及基金会关于奖教金的申请流程设置还存在申请条件有待优化、审核效率有待提升等问题，因此应当适当降低奖教金的申请门槛，优化申请及审批流程，使奖教金申请审批流程设置更加科学，奖教金运行更加有效，对教师的激励作用更加有力。

（5）优化培训经费的申请和报销流程

一些地区在教师进修学校的培训经费投入较多，问题主要出在培训经费的使用流程上。当前，由于经费使用受到报销流程的诸多限制，比如聘用市外好教师的差旅费无法报销等，使得大量优质专家资源难以引入本区域各个校园内，未来在增加培训经费的同时也应当注重经费使用申请报销流程的优化与完善，给予学校更多便利，把专家请进来，为教师和学生们带来更高质量、更丰富多彩的课程。

4. 其他建议

（1）注重教师人才队伍建设

①适当扩充教师编制，增加新教师招聘数量

随着人口政策的变化和人口流入，一些区域的学位日益紧张的同时也对教师的需求量提出新的挑战，增加新教师招聘数量和扩充教师编制，是解决当前教师数量不足的关键举措。制订教师招聘计划时应优先考虑小学教师的招聘，优先满足招聘生师比过高的教学单位的需求。

②制定教育领域的各项人才引进政策，吸引优秀教育人才在当地发光发热

社会的变化呼唤人才培养的变化。教育领域需要让专业的人做专业的事。教育局应当顺应当前的人才引进政策，引进各类学校所需的顶尖人才，对各类学校的教学和管理工作的提高提供智力支持。同时，可以通过与专业化人力资源服务机构合作，为本区域的教育领域制订人才招聘计划，使得本地区的教师队伍实现数量增长的同时提升专业化程度。

比如，由特殊教育专业人才参与特殊教育的课程设置与残疾人专业性工作安排，使得起步阶段的特殊教育能够实现快速、高效、全面的发展。

③增加教师个性化培训项目，培养优秀后备干部

不少地区教师培训项目较多，取得了不错的效果，但同时，教师

的个性化发展需求不容忽视。加大对教师的个性化培训，有利于解决掣肘教师发展的关键问题，实现教师个人的快速提升。

（2）增强对特殊教育的社会宣传

当前社会环境下，特殊教育学校的学生生源仍有很大发展空间。入学门槛很低，但很多家长不愿意承认自己的孩子有残缺，不去办证，这就无法享受到政府提供的特殊医疗服务。很多学生入学的时候年龄较大。当前适龄有证的学生入学比例大约在 10∶1，也就是 10 个适龄持证的孩子只有 1 个会入学，可见特殊教育学校的发展空间还是很大的。

政府需考虑改变公众对特殊教育的刻板印象，提高民众对特殊教育的接受度。教育部门可以号召民间人士或者媒体以纪录片、宣传片、公众号文章等形式宣传特殊教育对有需要的少年儿童和家长的作用。让有需求的家长愿意将自己的孩子送到特殊教育学校接受心理、生活技能、劳动能力等方面的教育，让有特殊身体状况的少年儿童能够通过学校教育最终实现个人的自理和自立，减轻家庭和社会的负担。

（3）改进现有教师抽签分配制度中存在的一刀切问题

为了保障教师资源的均衡，海沧区教育局在教师招聘和分配等环节进行了统一招聘，编制名额统一考试等制度。这些制度对所有参与者实施同等对待，一定程度上确实起到了均衡学校发展的效果。但该制度在实施过程中产生了一定的负面效应，影响了部分教师人群的积极性。例如，在一所学校工作多年的编制外教师已经对学校产生了强烈的融入感和归属感，但为了实现其编外身份向编制内身份的改变，需要进行统一考试，考试后往往被分到新的学校，需要重新融入和适应，有些教师的教学积极性因此受到打击。而原学校也因此损失了一些骨干力量。因此，建议具有一定原单位工作年限的编制外老教师在考取编制后分配学校时可以采取志愿填报方式，新进教师分配仍旧按原来的抽签制进行。

（4）建立专家引智的资源对接平台

除了受制于经费支持，学校自身难以开展专家引智活动的另一重要原因是专家资源不足，因而应当依托教育基金会及国企等中介，发挥它们的优势，建立专家引智的资源对接平台，与优质专家团队保持紧密联系、建立长期合作关系，同时明确各学校的实际需求，实现需求与供给的精准对接。

附录

附录 1　厦门市海沧区各类各级教育资金政策汇总（2003—2020 年）

分类	政策名称	成文时间	发布机构	主要内容
管理政策	厦门市教育局、厦门市财政局关于印发《一般预算支出目级科目》的通知	2003年3月28日	厦门市教育局、厦门市财政局	预算编制办法
	厦门市财政局、厦门市教育局关于执行改革我市教育系统有关财务管理制度的若干意见的通知	2003年4月2日	厦门市财政局、厦门市教育局	对各校现行收费项目按性质进行甄别，实行分类管理； 学校按规定收取除代办费和补偿性项目外的资金，原则上由学校统筹安排使用；各学校收入分配机制应在现行工资标准的基础上结合教职工聘任制和工资总额包干的实施，按照岗位、能力和绩效的不同制定收入分配办法，以调动教职工积极性； 各级教育主管部门可以根据各校的实际情况，从收费资金中集中一定比例，用于统筹调剂。 学校的捐赠收入的管理办法仍按现行办法执行。

续表

分类	政策名称	成文时间	发布机构	主要内容
管理政策	厦门市财政局关于做好区级财政教育投入工作的通知	2012年2月10日	厦门市财政局	区级从公共财政预算安排的财政教育支出增幅应高于当年公共财政经常性收入增幅； 区级从公共财政预算安排的财政教育支出占公共财政支出的比重应高于上年比重； 从区级土地出让收益中足额计提教育资金； 各区今后在上报年初预算及预算调整时，应一并上报区级教育资金投入情况。
	厦门市财政局、厦门市教育局关于切实加强教育经费管理的通知	2013年5月23日	厦门市财政局、厦门市教育局	完善学校财务管理体制、加强学校财务队伍建设、健全学校财务管理内部控制制度、完善义务教育经费保障机制、加强学校资产管理、强化财务审计监督和责任追究。
	厦门市财政局、厦门市教育局关于印发《厦门市青少年校园足球专项资金管理暂行办法》的通知	2017年5月19日	厦门市财政局、厦门市教育局	该资金指市教育局适时组织对捐赠资金使用情况开展监督检查，对违规使用捐赠资金的，将按有关规定处理； 使用范围：校园足球特色学校年度考核、校园足球培训基地运行补助、学校足球场地建设改造补助、校园足球赛事、校园足球师资培训、开展外出交流活动、宣传推广、考核奖补、其他市委市政府确定的校园足球发展项目； 资金申报规定； 市财政局、教育局进行监管。
	厦门市教育局关于规范市属学校社会捐赠资金使用管理的通知	2019年12月31日	厦门市教育局	规范支出、专账管理、严格把关； 市教育局适时组织对捐赠资金使用情况开展监督检查，对违规使用捐赠资金的，将按有关规定处理。

续表

分类	政策名称	成文时间	发布机构	主要内容
学前教育	厦门市物价局、厦门市财政局、厦门市教育局关于制定接受政府财政补贴的民办幼儿园有关收费最高限价的通知	2011年9月20日	厦门市物价局、厦门市财政局、厦门市教育局	收费标准：制定对应符合财政补贴条件幼儿的保育教育费最高限价，全日制每生每月一级园不超过500元（含500元），二级园不超过400元（含400元），三级园不超过300元（含300元），基本合格园不超过250元（含250元）。不足月（仅指寒暑假开学和放假月份）按实际天数收取。按月收费的不退还保育教育费。对接受财政补贴的民办幼儿园接收的不符合财政补贴条件的幼儿以及托儿班幼儿，保育教育费可按本幼儿园等级最高限价上浮20%招生。 保育教育费以外的代办费共四项：伙食费、省规定的幼儿园教育活动必备的学具、幼儿保健费和一次性收取的被褥餐具费。 有效期五年。
	厦门市海沧区人民政府关于印发海沧区大力推进学前教育事业发展实施细则的通知	2011年11月20日	厦门市海沧区人民政府	发展目标：普及学前三年教育。到2020年，全区适龄儿童学前三年入园率达到96%以上，发展较高水平的学前教育。城镇按服务人口1万人的区域设立1所12个班规模的幼儿园，农村按服务人口3千人至6千人设置1所幼儿园进行布局建设，保证适龄幼儿就近入园。不断扩大公办园的覆盖面，到2020年实现每2万服务人口有1所公办幼儿园，60%以上的适龄幼儿就读公办园。 财政：增加公办投入；按照每千人配备35个学前学位标准；加大民办扶持；加强学前队伍师资建设。

续表

分类	政策名称	成文时间	发布机构	主要内容
学前教育	厦门市人民政府办公厅转发市教育局等部门关于进一步规范城市住宅小区配套幼儿园建设管理若干意见的通知	2012年5月31日	厦门市教育局、厦门市规划局、厦门市国土房产局等六部门	积极做好住宅小区配套幼儿园的回购移交、产权申办、管理使用等工作。
	福建省财政厅、福建省教育厅关于建立学前教育经费保障机制的指导意见	2018年10月30日	福建省财政厅、福建省教育厅	自2019年春季学期开始，各市、县（区）应制定公办幼儿园生均公用经费财政拨款标准，原则上不低于每生每年450元，并建立与当地学前教育发展状况、办学成本、财力情况联动的稳定增长机制。幼儿园生均公用经费用于保障幼儿园正常运行、完成保育教育活动和其他工作任务等支出，具体支出范围包括：保教业务与管理、教师培训、文体活动、水电、交通差旅、邮电、物业劳务、图书资料和教玩具购置等，以及建筑物仪器设备的维修维护，不得用于人员工资、基本建设投资、偿还债务等。
	厦门市教育局关于确认厦门市第二幼儿园等九所幼儿园为厦门市示范性幼儿园的通知	2019年7月17日	厦门市教育局	确认9所幼儿园为厦门市示范性幼儿园的通知；力争在2020年达到示范性幼儿园覆盖率40%的目标。

续表

分类	政策名称	成文时间	发布机构	主要内容
学前教育	厦门市教育局关于确认首批学前教育改革实验幼儿园的通知	2019年12月3日	厦门市教育局	确认13所幼儿园为厦门市学前教育改革实验幼儿园。
中小学教育	厦门市财政局、厦门市教育局关于进一步完善我市教育费附加、地方教育附加使用管理有关问题的通知	2004年2月20日	厦门市财政局、厦门市教育局	自2004年起,全市教育附加收入由市级先予集中,再按全市上年12月经市教育主管部门确认的中小学学生人数(含经批准的民办学校)为要素在市、区进行分配; 教育附加必须纳入市、区两级财政预算管理,全额用于教育事业,不得挤占和挪用; 教育附加应实行专款专用,如有结余可结转下年度使用; 各区教育附加应以项目进行分配,以保重点、促成效为出发点,主要用于改善中小学的教学设施和办学条件,不得按学校或学生人数进行平均分配,不得用于发放各种奖金和补贴; 市财政、教育部门对各区教育附加使用情况的监督检查。
	厦门市财政局、厦门市教育局关于加强教育费附加、地方教育附加使用管理有关问题的通知	2006年9月26日	厦门市财政局、厦门市教育局	教育费附加除了按规定30%可用于职业教育项目外,其余应严格按规定用于改善中小学办学条件,其中安排用于农村中小学教育教学设备的比例不得低于40%。教育附加不得用于学校教师的人员经费支出; 坚持以项目带动资金的原则; 市财政局、教育局也将按照审核后批准的项目对各区教育附加的安排和使用情况进行检查。

续表

分类	政策名称	成文时间	发布机构	主要内容
中小学教育	厦门市人民政府办公厅转发市财政局、教育局关于加强农村中小学预算内生均公用经费定额标准管理意见的通知	2006年10月23日	厦门市财政局、厦门市教育局	我市农村中小学预算内生均公用经费定额标准为：小学每生每年350元，中学每生每年450元（均包括免除农村学校义务教育学生学杂费所增支的部分）；根据各区的经济承受能力，海沧、集美两区要在2007年达到或超过全市的生均经费平均水平；同安、翔安力争在两年内达到全市的生均经费平均水平。有条件的镇中心学校要率先按城镇生均经费标准安排经费。
	厦门市财政局、厦门市教育局关于进一步规范教育费附加和地方教育附加管理使用有关问题的通知	2007年10月26日	厦门市财政局、厦门市教育局	中小学教育实验设备、普教仪器设备和信息技术教学设备购置；弥补中小学公用经费不足；按照《民办教育促进法》规定对民办中小学的奖励与鼓励；中小学教育教学方面的其他专项经费；教育费附加和地方教育附加的管理使用应严格按照使用范围执行，不得用于与教育事业无关的项目，不得用于人员经费支出以及非义务教育阶段的项目支出，如有违反，市财政局、教育局将根据查实的违规金额在分配教育附加时给予扣减。
	厦门市人民政府办公厅关于进城务工人员随迁子女免费接受义务教育的通知	2010年12月19日	厦门市人民政府	对经统筹进入民办学校接受义务教育的进城务工人员随迁子女，免除学杂费、课本费、簿籍费；规定入学条件：暂住年份、社保缴纳年限等，以及招生办法、补助办法。

续表

分类	政策名称	成文时间	发布机构	主要内容
中小学教育	厦门市人民政府关于进一步做好进城务工人员随迁子女接受公办义务教育工作的意见	2012年6月15日	厦门市人民政府	工作目标：2012年全市随迁子女接受公办义务教育比例达80%以上，其中海沧区90%以上；2013年至2014年，逐年提高，到2015年，全市随迁子女接受公办义务教育比例要达到90%以上，其中海沧区100%； 提供学位：加快建设一批公办义务教育学校、最大化利用公办学校现有学位资源、加强招生管理； 实行委托管理：推行委托管理，制定委托管理办法及政策支持； 建立考核机制。
	厦门市人民政府办公厅关于进一步深入推进义务教育均衡发展的实施意见	2013年3月28日	厦门市人民政府办公厅	深入推进义务教育均衡发展的目标是：按编制内核准岗位结构，专任教师比例逐年提升，区域内教师的每年流动比例不低于应交流人数的10%，教师队伍的整体素质和水平得到提升； 优质教育资源的覆盖面逐年扩大，生均公用经费定额标准逐步提高，农村学校、薄弱学校（包括民办学校）的办学条件得以改善，教育教学质量和管理水平不断提高，进城务工人员随迁子女就读公办学校的比例逐年提升。 2013年，实现思明区和湖里区、集美区和海沧区、同安区和翔安区区域间均衡发展（含区域内的市直属学校）； 2014年，实现思明区、湖里区、集美区、海沧区区域间义务教育均衡发展，全市区域内义务教育基本均衡发展；到2015年，全市义务教育学校实现教学质量基本均衡，基本解决农村学校开齐开好课程的问题，全市进城务工人员随迁子女就读公办义务教育学校的比例达到90%，在全省率先实现市域内较高水平的义务教育均衡发展。

续表

分类	政策名称	成文时间	发布机构	主要内容
中小学教育	厦门市财政局、厦门市教育局关于提高全市中小学生均公用经费定额标准的通知	2013年9月5日	厦门市财政局、厦门市教育局	从2013年9月起,各区小学预算内生均公用经费基本定额标准由730元/年提高到840元/年、初中由1110元/年提高到1260元/年;普通高中和中等职业学校预算内生均公用经费基本定额标准由750元/年提高到910元/年(不含免学费补助)。提高标准增加的经费:(1)对于思明区、湖里区、集美区、海沧区提高标准新增经费,市财政予以补助25%;(2)对于同安区、翔安区提高标准新增经费,市财政予以补助50%。
	厦门市发展改革委、厦门市教育局、厦门市规划委、厦门市财政局关于进一步推动厦门市义务教育学校规范建设的意见	2015年5月11日	厦门市发展改革委、厦门市教育局、厦门市规划委、厦门市财政局	义务教育阶段学校办学规模应结合片区就学需求和各类教育资源匹配情况合理设置,小学、初级中学原则上不应超过48个班,九年一贯制学校原则上不应超过72个班。校园用地包括校舍建筑用地、体育运动用地和绿化科技用地。校园用地面积指标依据《厦门市城市规划管理技术规定》(2010年版)执行。
	厦门市财政局、厦门市教育局关于适当提高全市中小学生均公用经费定额标准的通知	2015年10月15日	厦门市财政局、厦门市教育局	从2015年9月起,各区小学预算内生均公用经费基本定额标准由840元/年提高到920元/年、初中由1260元/年提高到1380元/年、普通高中由910元/年提高到1000元/年。对有关区提高标准所增加的经费,市财政按以下标准予以补助,并纳入市对区体制补助基数:对于思明区、湖里区、集美区、海沧区提高标准新增经费,市财政予以补助25%。

续表

分类	政策名称	成文时间	发布机构	主要内容
中小学教育	福建省人民政府关于进一步完善城乡义务教育经费保障机制的实施意见	2016年3月19日	福建省人民政府办公厅	2016年全省城乡义务教育学生生均公用经费基金定额，继续执行普通小学每生每年650元、普通初中每生每年850元标准，并对公办寄宿制学校按照寄宿生生均300元标准增加公用经费补助。继续对不足100人的公办小学按100人核定公用经费；同时，对100人—200人的公办小学按200人核定公用经费，对不足300人的公办初中按300人核定公用经费。特殊教育学校和特教班生均公用经费基准定额标准按照每生每年6800元执行。随班就读残疾学生生均公用经费基准定额标准参照特殊教育学校标准执行，其中高于普通学生生均公用经费基准定额部分，所需经费由市、县（区）政府承担。从2017年开始，城乡义务教育学校生均公用经费基准定额提高到普通小学每生每年750元，普通中学每生每年950元，在此基础上公办寄宿制学校按照寄宿生年生均400元标准增加公用经费补助。继续推进农村义务教育学生营养改善计划，对农村义务教育公办寄宿制学校寄宿生、城乡义务教育公办寄宿制学校中低保和建档立卡贫困家庭寄午餐学生，按每生每年1000元标准进行营养餐补助，同时对城乡义务教育公办寄宿制学校中家庭经济困难寄宿生按小学每生每年1000元、初中每生每年1250元标准补助生活费。

续表

分类	政策名称	成文时间	发布机构	主要内容
中小学教育	厦门市人民政府关于印发统筹推进市域义务教育均衡发展实施方案的通知	2018年4月27日	厦门市人民政府	到2018年，努力实现思明区、湖里区、集美区、海沧区的义务教育质量达到国家义务教育发展优质均衡县的要求。适度超前规划建设一批义务教育学校；提升学校标准化建设水平；完善编制管理机制；加强教师培训培养；努力实现小学、初中每百名学生至少拥有1名区级以上骨干教师。提高农村学校教育质量；提高民办学校教育质量；加强招生管理。制定并实施消除大班额专项计划，积极挖掘办学潜力，适当增加班级数，严格控制班生额。
	厦门市教育局关于公布2019年中小学实验教学说课活动获奖名单的通知	2019年8月6日	厦门市教育局	教学说课活动评选结果已出，公布获奖名单。希望各区各校重视实验教学说课工作，把教育新装备、教学新理念充分运用到实验教学中，激发学生创新思维和探究欲望，使实验教学真正成为提高学生科学素养的铺路石和云梯，为推进素质教育作出更大贡献。同时积极开展相关教研活动，争取在各级各类说课活动中取得更好的成绩。
	厦门市教育局关于印发厦门市新时代中小学教师培训培养指导意见的通知	2019年8月14日	厦门市教育局	优化青年教师培训体系、完善名师培养梯队建设、加大农村与民办教师培训力度、加强组织领导；加强经费保障、督导评估。

续表

分类	政策名称	成文时间	发布机构	主要内容
中小学教育	中共厦门市委教育工委、厦门市教育局关于公布2016—2019年度厦门市中小学优秀班主任和优秀德育工作者名单的通知	2019年8月28日	厦门市教育局	授予陈文莉等456名同志"厦门市优秀教师"称号，授予刘宗华等109名同志"厦门市优秀教育工作者"荣誉称号。追授高志凡同志为厦门市优秀教师。希望广大教师和教育工作者始终坚持以习近平新时代中国特色社会主义思想为指导，以受表扬的教师和教育工作者为榜样，不忘初心、牢记使命，深入落实立德树人的根本任务，强化培养社会主义建设者和接班人的使命担当，以更加昂扬的精神状态和务实的工作作风，争做党和人民满意的"四有"好教师，为加快建设现代化教育强市，办好人民满意的教育做出应有贡献。
	厦门市教育局、厦门市财政局关于对义务教育阶段家庭经济困难非寄宿学生实行生活补助的通知	2019年9月3日	厦门市教育局、厦门市财政局	（对2017年政策的补充，规定了2017年未纳入补助标准的非寄宿生补助标准）义务教育阶段家庭经济困难非寄宿生学生生活补助标准按公办寄宿制学校家庭经济困难寄宿生生活补助标准的50%执行，即每生每年750元；资金来源：按学校隶属关系由同级财政承担，市财政统筹中央有关资金按50%的比例对各区予以补助。
	厦门市教育局关于公布2019年厦门市中学生语文英语阅读比赛获奖名单的通知	2019年9月12日	厦门市教育局	全市共推荐1605名学生参加八年级语文和英语的市级比赛、1047名学生参加高二年级语文和英语的市级比赛。根据比赛成绩，共评出：八年级组语文特等奖2名、一等奖71名、二等奖120名、三等奖157名，英语特等奖3名、一等奖86名、二等奖121名、三等奖178名；高二组语文特等奖1名、一等奖54名、二等奖78名、三等奖87名，英语特等奖1名、一等奖52名、二等奖83名、三等奖99名。

续表

分类	政策名称	成文时间	发布机构	主要内容
	厦门市教育局关于公布2019年厦门市中小学劳动实践教育特色项目的通知	2019年11月22日	厦门市教育局	评选出41个2019年厦门市中小学劳动实践教育特色项目。
	福建省人民政府办公厅关于印发进一步调整优化结构提高教育经费使用效益实施方案的通知	2019年12月27日	福建省人民政府办公厅	2020年公办普通高中生均公用经费财政拨款省定标准不低于1000元，鼓励市县提高标准，支持当地示范性普通高中建设学校改革发展。落实地方教育附加用于职业教育比例不低于30%的规定，中职学校（含技工院校）生均财政拨款水平可适当高于当地普通高中。
职业教育	厦门市人民政府批转市教育局等部门关于支持中等职业教育发展若干意见的通知	2011年11月10日	厦门市人民政府	一、支持中等职业教育实训基地建设 二、支持中等职业学校开展非全日制学历（学制）教育 三、建立健全中等职业教育目标责任制和专项督导制度 四、保障中等职业教育经费投入 根据财力情况，加大职业教育投入，逐步提高公办中等职业学校生均公用经费定额标准。除国务院财政、税务主管部门另有规定外，企业发生的职工教育经费支出，不超过工资薪金总额2.5%的部分，准予扣除；超过部分，准予在以后纳税年度结转扣除。建立健全中等职业教育经费投入保障制度和年度通报制度。市财政、教育、人力资源和社会保障部门要加强对中等职业学校国家助学金、免学费资金和职业教育专项资金的监管。

续表

分类	政策名称	成文时间	发布机构	主要内容
职业教育				五、落实中等职业教育税收优惠政策 六、实行中等职业学校建设用地和建设规费优惠政策 七、进一步加强中等职业教育"双师型"教师队伍建设 八、拓宽中等职业学校毕业生继续学习通道
	厦门市财政局、厦门市教育局、厦门市人力资源和社会保障局关于全面实行中等职业教育免学费政策的通知	2012年5月2日	厦门市财政局、厦门市教育局、厦门市人力资源和社会保障局	实现市中等职业学校将实现学费全免；在原有对中等职业学校一年级学生、二三年级家庭经济困难学生和涉农专业学生实施免学费基础上，从2012年秋季学期起，将免学费政策实施范围扩大到市、区所属的各中等职业学校（含技工学校，不含高收费的中央音乐学院鼓浪屿钢琴学校，下同）的正式学籍学生，包括全日制、非全日制所有专业学生。资金来源：免学费补助资金原则上按学校隶属关系由同级财政承担。对于区属学校，由市财政按30%比例予以补助；各区应按分担比例配套免学费财政补助资金，连同市级补助资金及时足额拨付学校。
	厦门市教育局关于公布增补厦门市现代学徒制建设项目的通知	2019年8月29日	厦门市教育局	增补5项厦门市职业院校现代学徒制建设项目。

续表

分类	政策名称	成文时间	发布机构	主要内容
职业教育	厦门市教育局关于遴选2019—2020年度职业院校教师素质提高计划项目承担机构的通知	2019年11月20日	厦门市教育局	培训项目类型：教师企业实践、专业带头人领军能力研修、"双师型"教师专业技能培训、管理人员高级研修、创新项目。
	厦门市教育局、厦门市财政局关于调整职业院校奖助学金政策的通知	2019年12月31日	厦门市教育局、厦门市财政局	高职：扩大高职院校奖助学金覆盖面：增加高职院校国家奖学金名额，奖励标准为每生每年8000元；扩大高职院校国家励志奖学金覆盖面：从2019年起将高职学生国家励志奖学金覆盖面提高10%，即由3%提高到3.3%，奖励标准为每生每年5000元；扩大高职院校国家助学金覆盖面：从2019年起，将高职学生国家助学金覆盖面提高10%（即全市平均资助比例由20%提高到22%）。同时，提高资助标准，对家庭经济"特别困难"国家助学金标准从每生每年4000元提高到4500元；家庭经济"困难"的助学金标准从每生每年2500元提高到2800元。中职：从2019年起，国家设立中等职业教育国家奖学金，每年奖励2万名，奖励标准为每生每年6000元。

续表

分类	政策名称	成文时间	发布机构	主要内容
民办教育	厦门市人民政府关于实施鼓励和促进民办教育优质发展若干措施的通知	2020年2月29日	厦门市人民政府	一、为鼓励社会力量兴办教育，按照"存量提质、增量优质"的原则，促进我市民办教育优质发展，鼓励社会力量办学：审批、用地政策支持； 二、完善财税扶持政策：税收优惠、学位补助、财政支持； 三、加强师资队伍建设：教师配备、待遇、教师交流。

附录2　厦门市海沧区落户政策汇总（2003—2020年）

政策对象	政策名称	发布时间	发布机构	主要内容
中小企业引进人才	厦门经济特区中小企业促进条例	2012年10月25日	厦门市人民代表大会常务委员会	市主管部门应当根据我市产业发展需要，制定中小企业急需人才培训计划。中小企业引进的专业人才，在住房、落户和子女入学等方面依照规定享受本市有关优惠政策。
留学归国人员	厦门经济特区鼓励留学人员来厦创业工作规定	2011年12月1日	厦门市人民代表大会常务委员会	第二十九条　留学人员来厦创业、工作，可按下列规定向公安机关申请落户： （一）未取得外国国籍或外国永久居留权的留学人员携配偶及未成年子女落户本市不受出国前户籍情况限制，凭市人事行政管理部门出具的证明申请落户； （二）取得外国籍或外国永久居留权的留学人员，凭厦门市留学人员工作证可为其未取得外国国籍或外国永久居留权的配偶、未成年子女申请落户。
留学归国人员	厦门市人民政府关于完善我市户籍迁移政策的通知	2018年9月21日	厦门市人民政府	取得国（境）外学历学位证书或者高等教育文凭且经中国留学服务中心认证的留学归国人员，与我市用人单位依法签订劳动（聘用）合同或者依法持有营业执照后，可以按规定将户口迁入我市。
归侨	厦门市归侨侨眷权益保障条例	2003年9月26日	厦门市人民代表大会常务委员会	归侨离、退休后要求来本市落户的，本人或者其配偶原籍为本市或者原由本市迁出，在本市又有居住条件的，可以随带配偶及未成年子女来厦落户。归侨学生、归侨子女和华侨在本市的子女升学时，依照规定给予适当照顾。

续表

政策对象	政策名称	发布时间	发布机构	主要内容
技能人才	厦门市人力资源和社会保障局、厦门市公安局关于印发《重点群体来厦落户实施细则》的通知	2018年9月29日	厦门市人力资源和社会保障局、厦门市公安局	三、技能人才落户要求。男性50周岁以下、女性40周岁以下，在厦连续缴保满1年的中级工或者在厦合法稳定就业的高级工、技师和高级技师，可落户本市集美区、海沧区、同安区、翔安区。拟落户思明区、湖里区的技能人才要求本人在思明区、湖里区拥有《厦门市土地房屋权证》的房产。 四、参加国家级一、二类职业技能竞赛、福建省一、二类职业技能竞赛或我市A类职业技能竞赛获得技术能手称号的，参加世界技能大赛获得地市级以上选拔赛奖项的，可参照技师或高级技师申请落户本市。 五、中等职业院校毕业生、技工（师）院校毕业生通过参加职业资格培训，按照技能人才落户我市。
	厦门市人力资源和社会保障局、厦门市公安局关于进一步优化技能人才落户有关工作的通知	2020年6月5日	厦门市人力资源和社会保障局、厦门市公安局	市人社局最新发布的《厦门市部分重点和急需紧缺职业（工种）指导目录》中具有国家职业资格证书的工种，确定为技能人才落户的申请类型。 男性年龄50周岁以下，女性年龄40周岁以下，在厦合法就业并连续缴纳基本养老保险满2年的中级工、在厦合法就业并连续缴纳基本养老保险满1年的高级工及在厦合法稳定就业的技师、高级技师可落户我市。 对2015年6月30日以后毕业且取得中级工以上职业资格证书（不受职业资格证书工种限制）的职业院校、技工学校应届毕业生，在厦合法稳定就业可落户我市。

续表

政策对象	政策名称	发布时间	发布机构	主要内容
外来人员	厦门市人民政府关于印发《厦门市户籍管理规定实施细则》的通知	2010年6月9日	厦门市人民政府	第八条 依照《规定》第十条的规定，外来人员户口迁入集美区、海沧区、同安区、翔安区的，应当同时具备下列条件： （一）持有本市《暂住证》或《居住证》连续满5年； （二）参加本市社会养老保险连续满5年； （三）有固定职业并签订经劳动保障部门备案的劳动合同； （四）拥有房屋所有权证的住所； （五）无违法犯罪记录和违反计划生育政策规定的行为。
	厦门市人民政府关于完善我市户籍迁移政策的通知	2018年9月21日	厦门市人民政府	放宽在我市居住就业的外来务工人员落户条件：外来务工人员持有我市居住证（暂住证）连续满5周年、在我市办理就业登记手续并参加我市社会养老保险连续满5周年且在本市拥有《厦门市土地房屋权证》（房屋用途为住宅，所有权份额所占比例不得低于51%）的房产，可将户口迁入我市。

续表

政策对象	政策名称	发布时间	发布机构	主要内容
购房	厦门市人民政府关于印发《厦门市户籍管理规定实施细则》的通知	2010年6月9日	厦门市人民政府	1. 购买2003年4月25日之后（不含当日）取得建筑主体工程施工许可证的商品住房，岛内建筑面积在150平方米以上（含150平方米）的购房者，须一次性办理房屋产权人或其共同居住的配偶、父母或子女不超过3人的常住户口（有多名成年子女的，只能办理1名成年子女的常住户口，未成年子女不能单独办理户口）； 2. 购买2003年4月25日之前（含当日）取得建筑主体工程施工许可证的商品住房，建筑面积在45平方米以上（含45平方米）不足70平方米的须一次性办理房屋产权人或其共同居住的配偶、父母或子女不超过2人的常住户口（有多名成年子女的，只能办理1名成年子女的常住户口，未成年子女不能单独办理户口）；建筑面积在70平方米以上（含70平方米）须一次性办理房屋产权人或其共同居住的配偶、父母或子女不超过3人的常住户口（有多名成年子女的，只能办理1名成年子女的常住户口，未成年子女不能单独办理户口）； 3. 本市以外人员购买住房，房屋产权属多人共有，且产权人之间不具有直系亲属关系的，只能给1名按份共有比例不低于30%的所有权人按规定办理购房落户，其他所有权人（指共有权比例在30%以上的）须经过公证机构公证同意放弃办理厦门市常住户口；

续表

政策对象	政策名称	发布时间	发布机构	主要内容
购房				4. 本市以外人员和本市常住户口人员共同购买住房，共有人属直系亲属关系的，允许其中非本市常住人口的业主以及直系亲属办理落户手续；不具有直系亲属关系的，非本市常住户口的业主及其直系亲属不能办理落户手续； 5. 厦门市政府《关于调整我市购房入户政策的意见》（厦府办〔2009〕28号）对前两款另有规定的，从其规定。
	厦门市人民政府关于调整我市购房入户政策的通知	2013年12月5日	厦门市人民政府	一、自2013年12月10日起，在我市出让成交取得土地的商品住房项目，不再享有"购房入户"政策； 二、在2015年12月31日之前，购买2013年12月10日前出让成交取得土地的商品住房，仍按原"购房入户"政策执行。自2016年1月1日（含当日）起，购买我市商品住房，不再享有"购房入户"政策。
毕业生	厦门市人力资源和社会保障局、厦门市公安局关于印发《重点群体来厦落户实施细则》的通知	2018年9月29日	厦门市人力资源和社会保障局、厦门市公安局	一、应届高校毕业生落户要求。应届高校毕业生在我市就业创业的，可落户我市； 二、往届高校毕业生落户要求： 1. 在厦合法稳定就业，年龄45周岁以下的本科学历毕业生； 2. 连续在厦缴交社会养老保险满1年，年龄35周岁以下的专科学历毕业生，其中落户思明区、湖里区应在思明区、湖里区单位连续缴交社会养老保险满3年。

续表

政策对象	政策名称	发布时间	发布机构	主要内容
干部调动	厦门市人民政府关于印发《厦门市户籍管理规定实施细则》的通知	2010年6月9日	厦门市人民政府	第三条 国家各部门及各省、自治区、直辖市人民政府办事处办理户口迁入人数不超过10人；省内外各地、市级人民政府办事处办理户口迁入人数不超过7人。中央所属企事业单位、国内大中型企业和相当于厅级以上事业单位在本市设立的办事机构办理户口迁入人数不超过7人。 前款规定的办事处设立超过10年且正常运作的，迁入户口人数予以适当增加，但增加的人数不得超过前款规定的相应户口迁入人数。 申请入户的人员应当符合以下条件，并由市经济发展部门确认后，可到公安机关办理落户手续： （一）具有高级职称（含高级技师），年龄距法定退休年龄10年以上；具有中级职称（含技师）或文化程度为大学（大专），年龄距法定退休年龄15年以上；（二）拥有合法固定住所。
投资	厦门市人民政府关于印发《厦门市户籍管理规定实施细则》的通知	2010年6月9日	厦门市人民政府	1. 在思明区、湖里区投资兴办企业，从2003年度起年实际纳税额在30万元以上（扣除地方各项附加费和减、免、退税款，下同），兴办高科技型企业、科学研究单位的年实际纳税额在20万元以上的，可一次性迁入3人户口（投资者及其直系亲属或企业骨干均可，由企业自定）。年实际纳税额每增加20万元以上的，迁入名额增加1人。

续表

政策对象	政策名称	发布时间	发布机构	主要内容
				2. 在集美区、海沧区、同安区、翔安区投资兴办企业，从2003年度起年实际纳税额在15万元以上，兴办高科技型企业、科学研究单位的年实际纳税额在10万元以上的，可一次性迁入3人户口（投资者及其直系亲属或企业骨干均可，由企业自定）。年实际纳税额每增加10万元以上的,迁入名额增加1人。按照第一款、第二款规定，企业骨干员工落户本市的，还应当拥有本市合法固定住所，在该企业服务满3年并已缴交社会养老保险费用，继续与该企业签订经劳动保障部门备案的劳动合同。